すらすら図解

減価償却のしくみ

CSアカウンティング株式会社【編】

減価償却方法の変更

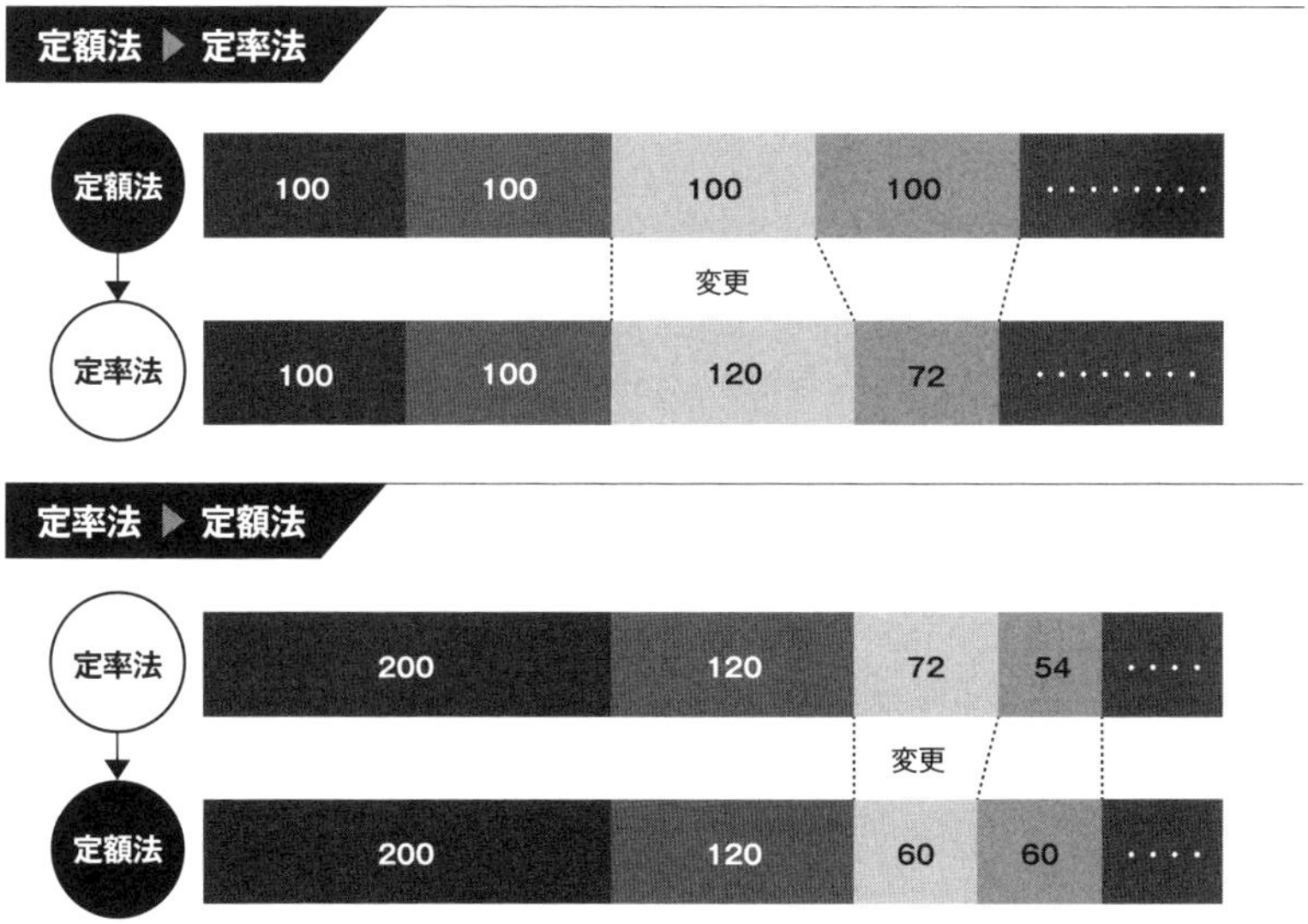

中央経済社

執筆者一覧

監修	中尾　篤史	公認会計士・税理士	専務取締役

執筆者	平野　真理子	税理士	取締役部長
	東山　恵里香	税理士	取締役部長
	松野　亮		部長
	新井　貴雄	税理士	部長
	菅谷　隆正	税理士	副部長
	葛西　長	税理士	副部長
	田中　秀徳		グループリーダー
	波多野　勇作	税理士	グループリーダー
	皆川　俊介		グループリーダー
	鈴木　真都佳	公認会計士	グループリーダー

はじめに

減価償却は、古くて新しいテーマです。

簿記を学んだことのある方なら減価償却については、少なからず学んだことと思います。減価償却は、発生主義で決算を行うためには必須の手段であり、経理をするうえでは避けては通れません。古くからあるテーマの減価償却ですが、ここ数年で会計面や税務面でいくつかの改正等の影響を受けています。

会計に関しては、国際財務報告基準（ＩＦＲＳ）へのコンバージェンスの流れの中で、償却方法を定額法に変更する会社が近年は増加してきています。また、税務に関しては、法人税率の引下げと引換えに、課税ベースの拡大が行われていますが、その対象に減価償却が選ばれることとなり、結果としてここ数年の税制改正の際に、減価償却の償却方法の見直しが数度行われています。今まであれば、過去の知識がそのまま使えたことの多かった減価償却ですが、複雑度合いが増してきたジャンルの1つとなりました。

このように古くて新しいテーマである減価償却を、本書ではできるだけ会計と税務について網羅的に執筆致しました。また、わかりやすさを追求するために1つのテーマを見開き2ページで記載するとともに、全てのテーマに図解を入れました。一定の知識のある方にとっては、どのテーマからも読めることを、初学者の方には、すらすらわかることを意識して整理をしています。

本書が、業務で減価償却に関わるすべての方々のお役に立つことを願ってやみません。

最後に、本書の編集担当をしていただいた奥田真史氏に心から感謝申し上げます。

平成三〇年一月

ＣＳアカウンティング株式会社　執筆者一同

Contents

第3章　固定資産の取得原価

第4章 耐用年数と減価償却の計算方法

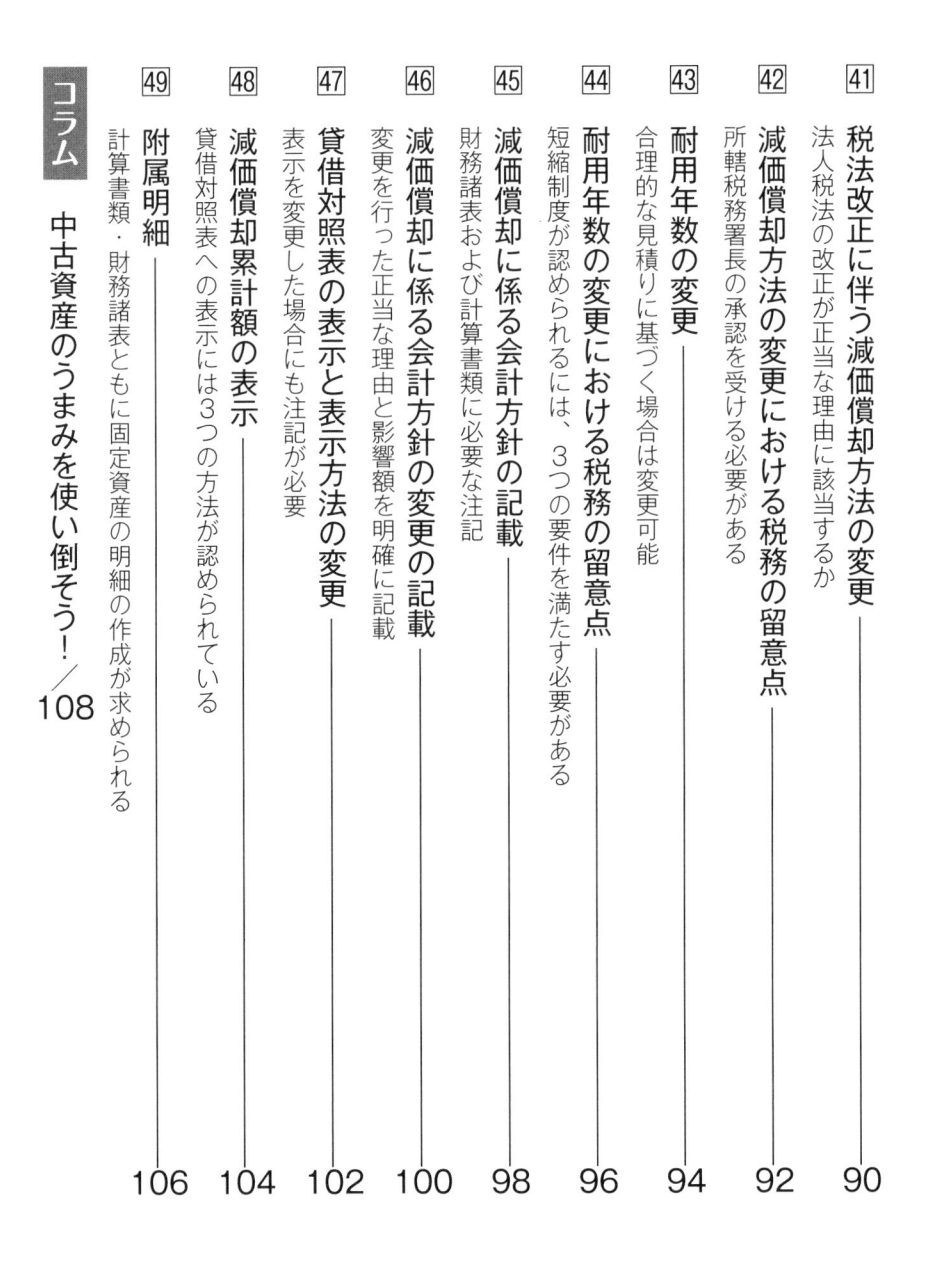

第6章　減価償却の特殊な論点

第7章 減価償却とその他関連会計基準

第8章 減価償却におけるその他税務論点

第1章

減価償却の意義・目的

1 減価償却の意義

費用を合理的に決定された方法で期間按分する手続き

●減価償却の意義

建物や機械装置、車両運搬具といった固定資産は、取得した後、長期間にわたって使用されます。長期間にわたって使用される固定資産を銀行の送金手数料などと同様に一時の費用とした場合、損益計算書の費用計上時期と固定資産の実際の利用時期にずれが生じます。このずれにより、損益計算書は企業の固定資産の利用実態を正しく反映しないものとなってしまいます。

そこで、固定資産を取得した企業は、固定資産の利用実態を損益計算書に正しく反映させるために、固定資産の取得原価を資産の種類に応じた方法で各事業年度に配分する減価償却という手続きを行います。

●正規の減価償却

減価償却は固定資産の取得原価の適正な期間配分を行うことによって適正な損益計算を行うことを目的として行います。そのため、減価償却は合理的に決定された方法で毎期計画的・規則的に実施されなければなりません。これを「正規の減価償却」と呼んでいます。利益操作のために故意に減価償却費を増減させることは、適正な期間損益計算を目的とする正規の減価償却に反するため認められません。

●減価償却の方法

減価償却の方法には、期間を費用配分基準とする方法と、物理的な生産量を費用配分基準とする方法の2種類の方法があります。期間を費用配分基準とする減価償却方法には、定額法、定率法、級数法があります。物理的な生産量を費用配分基準とする方法には、生産高比例法があります。減価償却方法は第4章で詳しく説明していますので、そちらをご参照ください。

X1年度に機械を購入し，資産計上せずに一時の費用とした場合

⇒実際の利用状況と損益計算書の費用計上が対応していない!

・実際の機械の利用状況

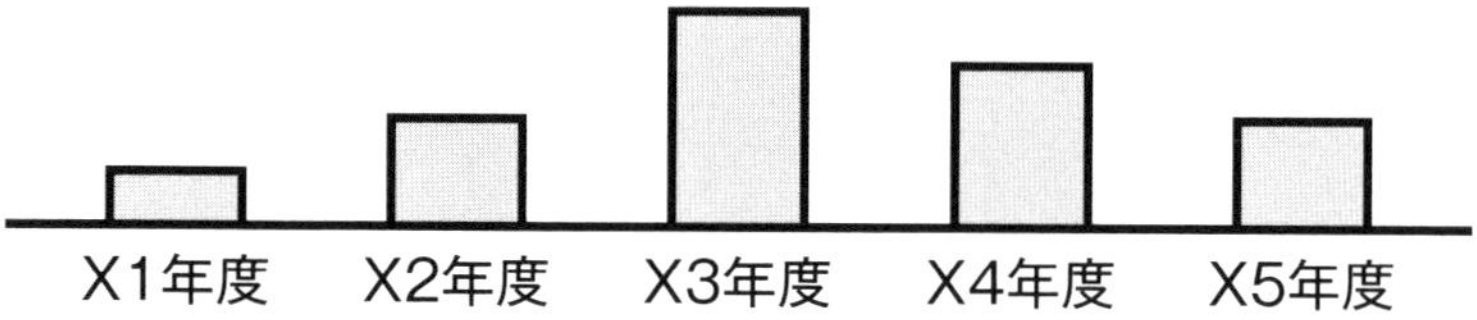

・損益計算書に計上される費用

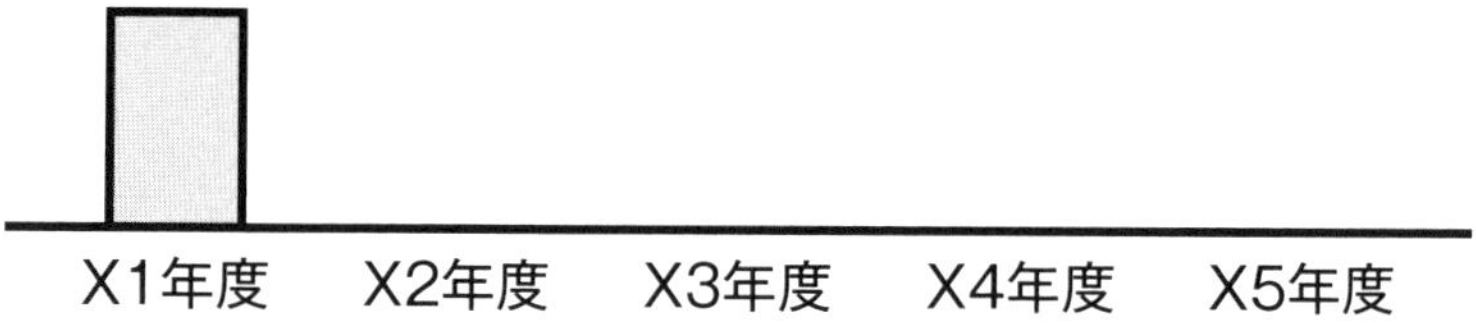

2 減価償却の目的

企業の経営成績を適切に表すために費用と収益の対応を図る

●費用収益対応の原則

損益計算書には、企業の経営成績を明らかにするため、一会計期間に属するすべての収益とこれに対応するすべての費用を計上しなければなりません。これを費用収益対応の原則といいます。費用収益対応の原則には、収益と費用が直接的・個別的に対応するものと、間接的に期間対応するものがあります。

直接的・個別的に対応する具体的な例としては、商品の売上高とその商品の仕入原価が挙げられます。商品の売上高という収益は、商品を仕入れた後、実際に販売された段階で費用計上することにより収益と直接対応します。

間接的に期間対応する具体的な例としては、オフィスの水道光熱費が挙げられます。オフィスの水道光熱費は個別の収益に対応するものではありませんが、一定期間の営業活動全体を支える費用として、その期間の収益に対応する費用となります。

固定資産は「1減価償却の意義」で触れたとおり、取得した後、長期間にわたって使用されることにより収益を生み出します。固定資産を一時の費用とした場合には、長期間にわたって生み出される収益とその収益獲得に貢献した費用が対応せず、企業の経営成績を適切に表すことができません。

そこで、収益獲得期間、つまり固定資産の使用期間にわたって減価償却を行います。減価償却を行うことにより、企業は長期間にわたって生み出される収益に間接的期間対応した減価償却費を計上し、経営成績を適切に表すことができるようになります。

費用と収益の対応

■X1年度に機械を購入し，資産計上せずに一時の費用とした場合⇒費用と収益が対応しない！

• 収益…毎期継続して獲得

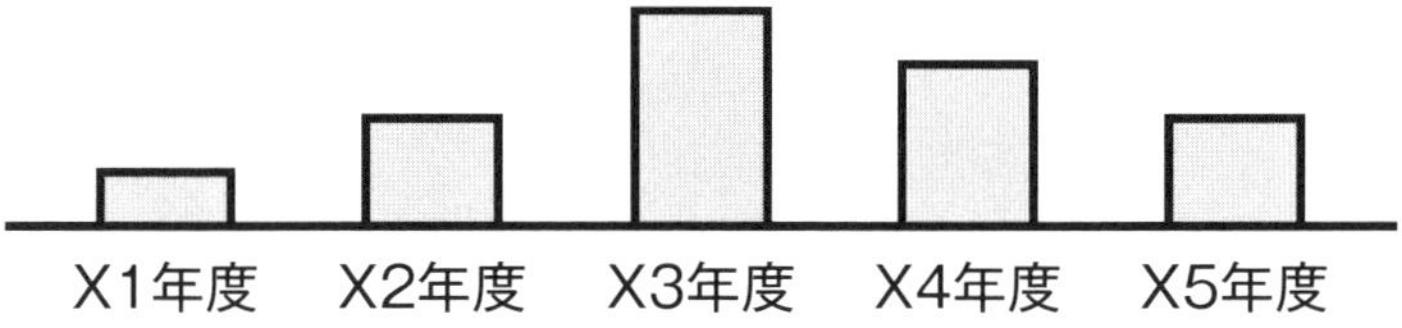

• 費用…購入した期に一時に計上

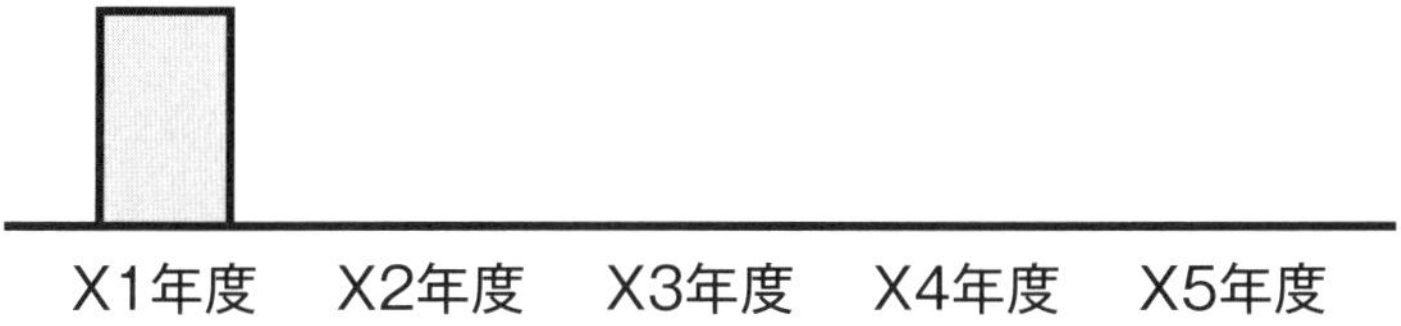

■X1年度に購入した機械を資産計上し，減価償却を行った場合⇒費用と収益が対応する！

• 収益…毎期継続して獲得

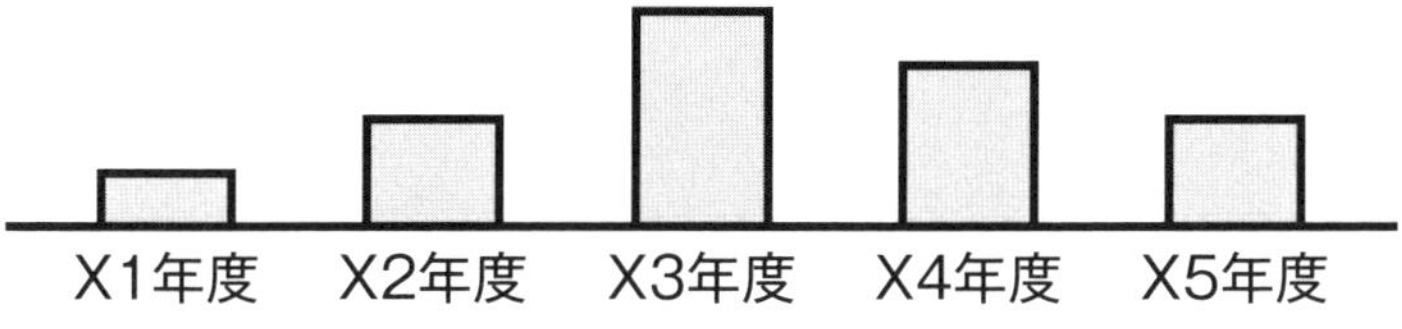

• 費用…毎期減価償却費を計上

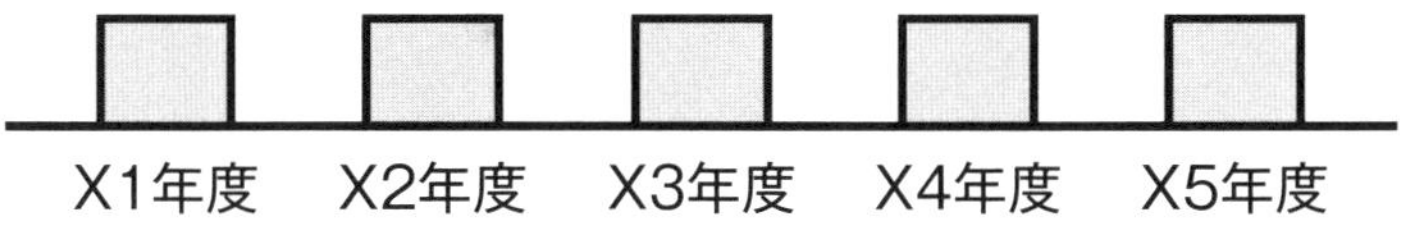

3 減価償却の効果

「固定資産の流動化」と「自己金融効果」

●減価償却の自己金融効果

減価償却は固定資産の取得原価を各事業年度に配分する手続きです。固定資産の取得時には資金が社外に流出しますが、減価償却を行う過程では資金の流出はありません。通常の費用は資金の流出を伴いますが、減価償却費は資金の流出を伴わない費用であるため、減価償却費の分だけ企業に資金が留保されることになります。これを「減価償却の自己金融効果」といい、減価償却のもう1つの効果とされています。

ただし、減価償却費の自己金融効果は、資金が新たに流入することではありません。この場合の自己金融効果とは、新たな資金の流入ではなく、固定資産取得時に支出した資金を減価償却を通じて回収することを指しています。

●固定資産の流動化

たとえば製造業の場合、取得した機械を利用して製品を製造します。完成した製品の製造原価には、原材料費や製造ラインの人件費の他に利用した機械の減価償却費が含まれます。製品は貸借対照表上、流動資産として計上されます。これによって機械の減価償却によって固定資産に計上されていた機械の取得原価の一部が流動資産に計上される製品に転化したということができます。さらに、この製品は顧客に販売されることで貨幣性資産に転化していきます。これを「固定資産の流動化」といい、減価償却の効果の1つとされています。

減価償却の効果①　固定資産の流動化

期中

機械を使って製品を製造

事業年度末

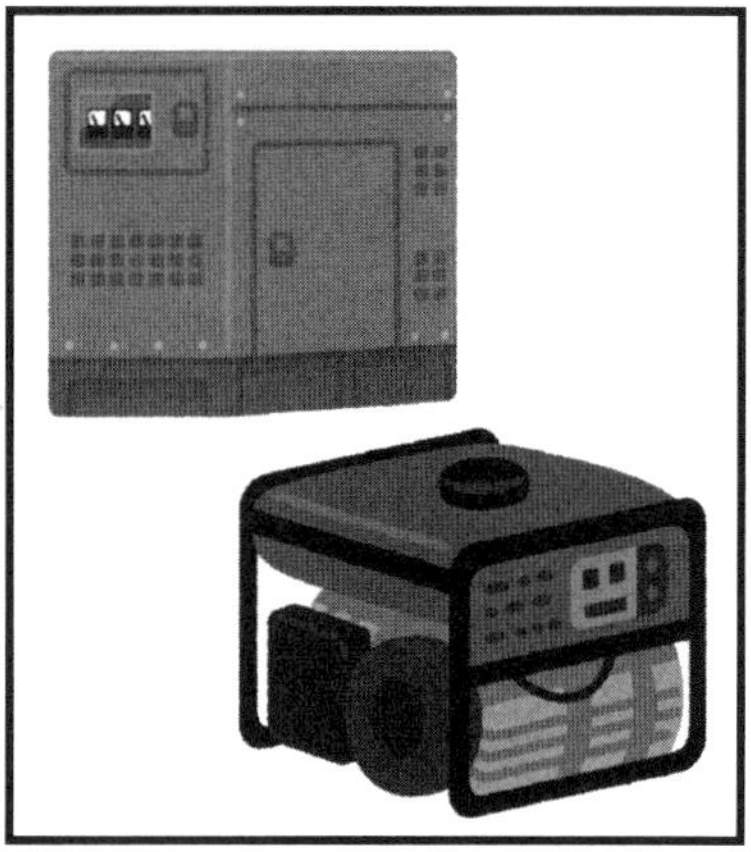

製品の原価の中に機械の減価償却費が含まれる
⇒この製品は貸借対照表上，流動資産の部の棚卸資産に計上される

減価償却の効果②　自己金融効果

損益計算書

売上	1,000	⇒資金の流入
費用（減価償却費以外）	△300	⇒資金の流出
減価償却費	△200	⇒資金の動きはない（非資金損益項目）
当期純利益	500	⇒企業に留保される資金は 当期純利益500＋減価償却費200＝700となる →減価償却費の分だけ資金が留保されることになる

コラム

IFRSの導入にあわせて働き方改革も実施しよう

「イファース」や「アイエフアールエス」という言葉を聞いたことはないでしょうか。世界共通の会計基準を目指して設定された会計基準の略称のことです。正確には，国際財務報告基準（International Financial Reporting Standards，IFRS）といいます。

現在では，世界の130カ国以上で採用されており，世界標準の地位を築いているといえるでしょう。たとえば，EU域内の上場企業は，IFRSの適用が義務づけられています。日本においては，強制適用には至っていませんが，任意適用でIFRSを適用している会社は毎年増加しており，平成30年２月時点で140社以上が導入をしています。

IFRSにおいて，償却方法は，資産の将来の経済的便益の予測消費パターンを反映するものでなければならないとされています。これを日本の基準に当てはめると定額法と定率法のどちらが該当するのかという論点があります。この点に関して，金融庁から必ずしも定額法である必要はない旨の報告書が公表されています。

ただ，現実的にはIFRS適用企業の多くは，定額法を採用しています。IFRSは連結財務諸表にのみ適用される基準で，個別財務諸表には適用する必要はありませんが，連結財務諸表の基準にあわせて，個別財務諸表の基準も定額法に変更している企業も増えてきています。

会社によっては，税務上のメリットを得るために，個別財務諸表では定率法を採用して，連結財務諸表で定額法に基づく計算に置き換えている会社もありますが，この場合は，１つの資産について定額法と定率法の両方を算出する必要があります。実務上は，固定資産のシステムをうまく活用できるかどうか非常に重要です。

最も効率的な方法は，固定資産システムに１つの資産を登録して，定額法と定率法の両方の計算を算出する方法です。以前は，定額法用と定率法用とでそれぞれ資産登録をして，償却計算をしているケースが多かったのですが，効率的な方法と比べて作業時間が倍程度かかっていたケースも見受けられました。

働き方改革が推し進められている昨今，IFRS導入にあわせて，固定資産の二重管理の方法について見直しをしてみてはいかがでしょうか。

第2章

固定資産とは

4 有形固定資産とは？

3つの分類のうち、長期使用される形のある資産

●固定資産の分類

固定資産は①物理的形態を持つ有形固定資産、②物理的な形態を持たない法律上の権利を中心とする無形固定資産、③長期の投資または他企業を支配する目的で所有する資産や特殊金銭債権などの投資その他の資産の3つに分類されます。

●有形固定資産とは

有形固定資産とは、販売を目的とするものではなく、長期にわたって使用することを目的として所有する固定資産のうち、具体的な形態を持つものです。有形固定資産は次のように大別されます。

・償却資産

建物や機械装置のように、使用や時の経過により価値が減少するものです。取得原価は減価償却を通じて耐用年数にわたり費用配分されます。

・減耗性資産

鉱山や山林のように、採取されるにつれて枯渇する天然資源です。

・非償却資産

土地や骨とう品のように、使用や時の経過により通常は価値が減少しないものです。

・建設仮勘定

建設中の固定資産など、未だ完成していないものです。完成時には本来の資産勘定に振り替えられます。

有形固定資産の取引は、取得原価の決定や減価償却の方法、除却・売却時の処理や修理・改良時の処理など論点が多岐にわたるため固定資産の中でもとりわけ重要性の高いものとなっています。

有形固定資産の位置付けと分類

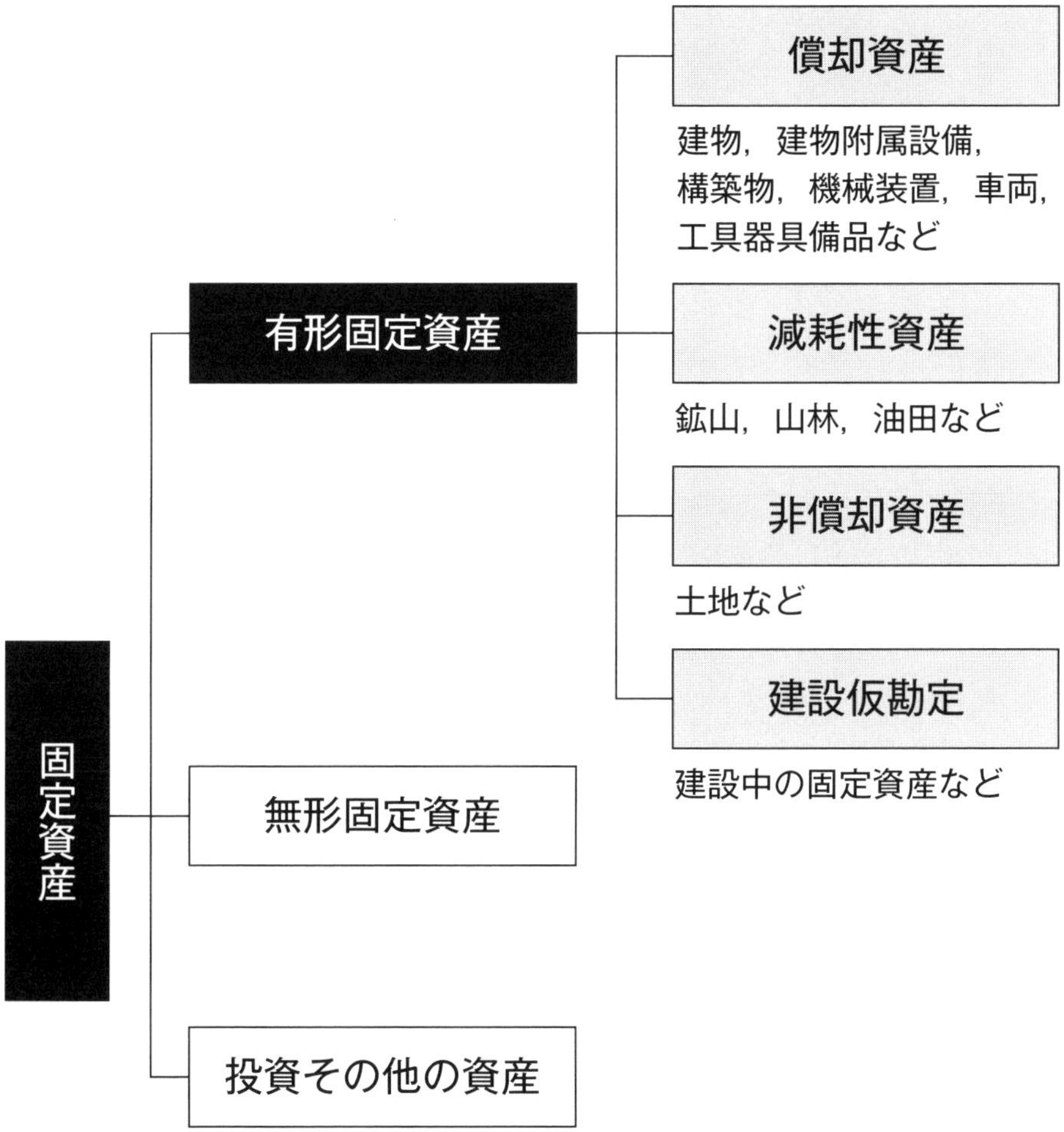

5 建物とは？

構造や用途によって決まる耐用年数の取扱いに注意する

●建物とは

建物とは、長期間にわたって存在することを前提に土地の上に建てられた工作物で、屋根・壁・柱から構成されるものです。

主に本社社屋や工場、営業所、倉庫などがあります。

●耐用年数の区分

建物の耐用年数は、構造や用途によって決まります。そのためまずは建物の構造にあたる柱や壁、はりなどの主要部分がどの構造で造られているかを把握する必要があります。次に建物の使用目的で耐用年数の長さが異なってくるため、使用する建物の用途を区分することで耐用年数が決定されます。

また耐用年数を決定するうえで判断を要する局面として、単一の構造・用途でない建物に適用する耐用年数が挙げられます。

たとえば建物の1階を店舗用、2階を住宅用として利用するといった1つの用途だけでなく複数の用途に利用する場合や2以上の構造からなる建物である場合などは、どのように区分して耐用年数を適用するか、個別に取扱いを確認しなければなりません。

●建物と混同しやすい資産

建物と混同しやすいものとして、建物附属設備が挙げられます。電気設備や給排水設備などの建物附属設備は建物に取り付けられるという点で、建物と似た資産となりますが、きちんと区分することが必要です。また、建物の完成までに要する費用は建設仮勘定で処理するなど、完成前後で科目が異なることにも注意が必要です。

建物の耐用年数表

構造・用途	細　目	耐用年数
鉄骨鉄筋コンクリート造又は鉄筋コンクリート造のもの	事務所用又は美術館用のもの及び下記以外のもの	50年
	住宅用，寄宿舎用，宿泊所用，学校用又は体育館用のもの	47年
	飲食店用，貸席用，劇場用，演奏場用，映画館用又は舞踏場用のもの 飲食店用又は貸席用のもので，延べ面積のうちに占める木造内装部分の面積が３割を超えるもの その他のもの	 34年 41年
金属造のもの（骨格材の肉厚が４ミリを超えるものに限る。）	事務所用又は美術館用のもの及び下記以外のもの	38年
	住宅用，寄宿舎用，宿泊所用，学校用又は体育館用のもの	34年
	飲食店用，貸席用，劇場用，演奏場用，映画館用又は舞踏場用のもの	31年
木造又は合成樹脂造のもの	事務所用又は美術館用のもの及び下記以外のもの	24年
	住宅用，寄宿舎用，宿泊所用，学校用又は体育館用のもの	22年
	飲食店用，貸席用，劇場用，演奏場用，映画館用又は舞踏場用のもの	20年
木骨モルタル造のもの	事務所用又は美術館用のもの及び下記以外のもの	22年
	住宅用，寄宿舎用，宿泊所用，学校用又は体育館用のもの	20年
	飲食店用，貸席用，劇場用，演奏場用，映画館用又は舞踏場用のもの	19年

出典：「減価償却資産の耐用年数等に関する省令」別表第一より抜粋

6 建物附属設備とは？

建物とは異なる「建物と一体となって機能する」設備

●建物附属設備とは

建物附属設備とは、建物に取り付けられ、建物と一体となって機能する設備のことです。

建物附属設備の代表的なものは次のとおりです。

- 電気設備
- 給排水・衛生設備、ガス設備
- 冷房・暖房設備
- 昇降機設備
- 店用簡易装備
- アーケード・日よけ設備
- 可動間仕切り

設備の種類に応じて、建物とは異なる耐用年数が適用されますが、建物に比べ耐用年数は短くなっています。

一般的に建物を建てる際に建築費を一括して「建物」勘定として処理してしまうことがありますが、建築費を「建物」と「建物附属設備」に区分して処理することで、耐用年数が短い建物附属設備の償却費の分だけ、経費を多く計上することが可能となります。

なお決算書上の表示としては、建物と建物附属設備をまとめて「建物」勘定として記載することもあります。

●減価償却の改正

平成28年度税制改正により、建物附属設備（および構築物）の償却方法について、定率法が廃止され、定額法に一本化されました。この改正は平成28年4月以降に取得する資産から適用されているため、償却方法に注意が必要です。

建物附属設備の耐用年数表

構造・用途	細　目	耐用年数
電気設備 (照明設備を含む。)	蓄電池電源設備	6年
	その他のもの	15年
給排水，衛生，ガス設備	冷暖房設備 (冷凍機の出力22KW以下)	13年
	その他のもの	15年
昇降機設備	エレベーター	17年
	エスカレーター	15年
消火，排煙，災害報知設備及び格納式避難設備		8年
可動間仕切り	簡易なもの	3年
	その他のもの	15年
前掲以外	主として金属製	18年
	その他のもの	10年

出典：「減価償却資産の耐用年数等に関する省令」別表第一より抜粋

7

機械装置とは？

「何を製造するための設備か」によって耐用年数が決まる

●耐用年数の決め方

機械装置とは、製造業のような工場で製品を作るために使用する製造設備や、建設業のような工事現場で使用する建設機械などが挙げられます。

この機械装置は他の減価償却資産と違って、個々の耐用年数は定められていません。ではどのようにして決まるかですが、「何を製造するための設備か」という機械装置の目的に着目して、耐用年数を決定していきます。

実際には業種・目的・用途などを総合的に勘案して、耐用年数表別表第二の区分に当てはめていくこととなります。

たとえばレトルト食品を製造するメーカーがその製造のための機械を購入したのであれば、それは別表第二の「1　食料品製造業用設備」という設備の種類に該当し、耐用年数は10年ということになります。

●機械装置に該当するかの判断

取得した資産が機械装置に該当するかどうかの判断にあたり、実は法令上は機械装置について明確な定義付けがされていません。そのため社会通念上で会社自身で判断していくことが求められますが、判断の目安として「一定の相対運動をする機能を持っている」・「複数のものから形成され、設備の一部としてそれぞれが機能を果たす」といった内容を充足する資産であれば機械装置に該当することとなります。

これは機械装置と器具備品を区分するうえでも重要な判断要素になるとともに、どちらに該当するかの判断が難しいケースも実務上は存在するため、慎重に判断を行っていくことが必要です。

機械装置の耐用年数表

番号	設備の種類	細　目	耐用年数
1	食料品製造業用設備		10年
2	飲料・たばこ・飼料製造業用設備		10年
3	繊維工業用設備	炭素繊維製造設備 　黒鉛化炉 　その他の設備	 3年 7年
		その他の設備	7年
4	木材·木製品（家具を除く。）製造業用設備		8年
5	家具・装備品製造業用設備		11年
6	パルプ·紙・紙加工品製造業用設備		12年
53	自動車整備業用設備		15年
54	その他のサービス業用設備		12年
55	前掲の機械及び装置以外のもの並びに前掲の区分によらないもの	機械式駐車設備	10年
		ブルドーザー，パワーショベルその他の自走式作業用機械設備	8年
		その他の設備 　主として金属製のもの 　その他のもの	 17年 8年

出典：「減価償却資産の耐用年数等に関する省令」別表第二より抜粋

8 車両運搬具とは？

リサイクル預託金の取扱いに要注意

●**車両運搬具とは**

車両運搬具とは、仕事のため、人や物品を運搬する陸上運搬車両をいいます。

●**耐用年数の区分**

車両運搬具は、次の４つに区分され、さらに車両の種類、積載量、総排気量等により区分し耐用年数が決定されます。

●鉄道用又は軌道用車両

電車、薬品タンク車、冷凍車等

●特殊自動車

消防車、救急車、除雪車、霊きゅう車等

●運送事業用、貸自動車業用、自動車教習所用車両

バス、レンタカー、リヤカー等

●その他

フォークリフト、トロッコ等

●**リサイクル預託金について**

平成17年1月1日から施行されたリサイクル法により、自動車が廃棄処分となった際に必要となる処分料を車両購入時に前もって支払うこととなりました。これをリサイクル預託金といいます。

このリサイクル預託金は、自動車を廃棄するときに費用とすることができます。そのため、リサイクル預託金の支払時には、「預託金」「長期前払費用」等として資産計上します。

車両及び運搬具の耐用年数表

構造・用途	細　目	耐用年数
特殊自動車	消防車，救急車，レントゲン車，散水車，放送宣伝車，移動無線車，チップ製造車	5年
	モータースイーパー及び除雪車	4年
	タンク車，じんかい車，し尿車，寝台車，霊きゅう車，トラックミキサー，レッカーその他特殊車体を架装したもの 小型車（じんかい車及びし尿車にあっては積載量が2t以下，その他のものにあっては総排気量が2ℓ以下のもの） その他のもの	 3年 4年
運送事業用・貸自動車業用・自動車教習所用	自動車（二輪又は三輪自動車を含み，乗合自動車を除く。） 被けん引車その他のもの	 4年
前掲以外のもの	自動車（二輪・三輪自動車を除く） 自動車（総排気量が0.66ℓ以下） その他のもの	 4年
	その他 自走能力を有するもの その他のもの	 7年 4年

出典：「減価償却資産の耐用年数等に関する省令」別表第一より抜粋

9

工具・器具備品とは?

100以上に区分される固定資産

●工具・器具備品とは

工具とは、工場や工事現場で工作に使用される用具をいいます。

器具備品とは、主に事務所や店舗などに常設し使用される家具や事務機器をいいます。

●耐用年数の区分

工具の耐用年数は、測定・検査工具等8つに区分され、さらに用途、素材等により区分し耐用年数が決定されます。

器具備品の耐用年数は、家具・電気機器等11に区分され、さらに用途、素材等により区分し耐用年数が決定されます。

●一括して耐用年数を適用する方法

工具・器具備品は、種類や数量が多く、区分の判定や管理が煩雑になることがあります。この場合、工具・器具備品のすべてについて、細かく区分することなく一括して耐用年数を適用させる方法もあります。

この方法は、すべての工具・器具備品について、耐用年数表別表第一の「前掲区分によらないもの」の耐用年数を適用します。

●器具備品に該当するかの判断

取得した資産が器具備品に該当するかどうかの判断にあたり、実は法令上は器具備品について明確な定義付けがされていません。そのため社会通念上で会社自身で判断していくことが求められますが、判断の目安として「それ自体で固有の機能を果たし、独立して使用されるもの」といった内容を充足する資産であれば器具備品に該当することとなります。

これは器具備品と機械装置を区分するうえでも重要な判断要素になるとともに、どちらに該当するかの判断が難しいケースも実務上は存在するため、慎重に判断を行っていくことが必要です。

工具の耐用年数表

構造・用途	細　目	耐用年数
測定・検査工具		5年
治具及び取付工具		3年
ロール	金属圧延用のもの	4年
前掲区分によらないもの	白金ノズル その他の主として金属製 その他のもの	13年 8年 4年

出典：「減価償却資産の耐用年数等に関する省令」別表第一より抜粋

器具及び備品の耐用年数表

構造・用途	細　目	耐用年数
家具，電気機器・ガス機器及び家庭用品（他の項に掲げるものを除く）	事務机・いす・キャビネット 　主として金属製のもの 　その他のもの	 15年 8年
	応接セット 　接客業用のもの 　その他のもの	 5年 8年
	ベッド	8年
前掲の耐用年数によるもの以外のもの及び前掲区分によらないもの	主として金属製のもの その他のもの	15年 8年

出典：「減価償却資産の耐用年数等に関する省令」別表第一より抜粋

10 土地とは？

保有目的によって、土地以外になるケースに要注意

●土地とは

土地とは、事業の用に供する目的で保有する土地をいいます。土地には、工場および事務所の敷地のほか、社宅敷地、運動場、農園等の経営付属用の土地が含まれます。

土地は、使用や時の経過により通常は価値が減少しないため、有形固定資産のうち非償却資産に区分されます。

●土地の区分

土地は、その保有目的によって、土地以外の勘定科目とするケースがあります。

① 土地
　自社ビル敷地、資材置き場、運動場など
② 投資その他の資産
　賃貸などの投資目的で所有している土地
③ 棚卸資産
　不動産事業者が売買目的で所有している土地
④ 構築物
　土地を舗装した場合の舗装費

●土地の取得価額

土地の取得価額は、購入代金に引取費用等の付随費用を加えた額となります。ただし、取得価額に含めなくてよいものもあります。

① 取得価額に含めるもの
　取得時の測量、整地、埋立、地盛費用。仲介手数料。固定資産税精算金。取得に際し、土地の使用者等に支払う立退料その他立退きのために要した金額。
② 取得価額に含めなくてよいもの
　不動産取得税。登録免許税その他登記または登録のために要する費用。司法書士報酬。

土地と勘定科目

土地

- 事業目的で保有する土地

棚卸資産

- 不動産会社が売買目的で所有する土地

投資その他の資産

- 投資目的で保有する土地

構築物

- 土地の舗装費

土地の取得価額

取得価額に含めるもの

- 取得時の測量，整地，埋立，地盛費用
- 仲介手数料
- 固定資産税精算金
- 立退料その他立退きのために要した金額

取得価額に含めなくてよいもの

- 不動産取得税
- 登録免許税その他登記または登録のために要する費用
- 司法書士報酬

11 建設仮勘定とは？

建設のために取得した機械で保管中のものも建設仮勘定

●建設仮勘定とは

建設工事は、通常、工事の発注から完成引渡しまでの期間が長期に及びます。そのため、一般的に、工事代金の前払金または部分的に引渡しを受けた工事代金や経費（設計料、資材購入費等）の額をいったん仮勘定として経理し、これを目的物の全部が引き渡されたときに固定資産などに振り替える処理を行います。この仮勘定を、建設仮勘定といいます。

建設仮勘定は、貸借対照表の有形固定資産に区分されます。

また、建設仮勘定は建物完成前の状態であり、事業に使用されていません。そのため、非減価償却資産に該当し減価償却を行いません。

●建設仮勘定を用いる際の留意点

① 設備の建設のために支出した手付金もしくは前渡金または設備の建設のために取得した機械等で保管中のものも、建設仮勘定とします。

② 取得の際に建設に充てるものとその他の目的に充てるものとの区分が困難な資材は、貯蔵品とすることができます。

③ 建設に充てるものとその他の目的に充てるものとに区分することが困難である前渡金（資材の購入のための前渡金）は、流動資産とすることができます。

④ 建設仮勘定は、建設目的ごとに区分しないで一括して記載します。ただし、長期にわたる巨額の資産の建設については、建設目的物ごとに記載できます。

⑤ 建設仮勘定は、建設仮勘定の名称を用いないで、建設前渡金、その他の名称で記載することができます。

建物が完成するまでの仕訳

【取引①】建物の設計料100万円を支払った

建設仮勘定	100万円	現金	100万円

【取引②】建物の手付金2,000万円を支払った

建設仮勘定	2,000万円	現金	2,000万円

【取引③】建物が完成し，残金3,000万円を支払った

建物	5,100万円	建設仮勘定	100万円
		建設仮勘定	2,000万円
		現金	3,000万円

12 無形固定資産とは？

法律上の権利がなくても経済的価値があれば無形固定資産

●**無形固定資産の意義**

無形固定資産とは、建物や機械装置等のような実体はないものの、長期間にわたり利用可能な資産をいい、特許権、商標権、電話加入権のような法律上の権利を有するものと、ソフトウェア、のれんのような法律上の権利ではないが経済的価値を有するものに区分できます。

●**無形固定資産の取得原価**

無形固定資産の取得原価は、有形固定資産の取得の場合と同様に決定されます。

●**無形固定資産の減価償却**

無形固定資産も有形固定資産と同様、計画的・規則的に減価償却を行う必要があります。ただし、次のような特色があります。

①　生産高比例法が認められる鉱業権を除き、通常は定額法により償却します。

②　残存価額はゼロとします。

③　貸借対照表に表示する金額は、無形固定資産の取得のために支出した金額から減価償却累計額を控除した未償却残高を記載します。

無形固定資産の償却年数は会計上、それぞれの有効期間、使用期間となります。しかし、税務上は法定耐用年数がそれぞれに定められており、その定められた期間となります。実務上は、「減価償却資産の耐用年数等に関する省令」別表第三を採用するのが一般的です。

無形減価償却資産の耐用年数表

種　類	耐用年数
漁業権	10年
ダム使用権	55年
水利権	20年
特許権	8年
実用新案権	5年
意匠権	7年
商標権	10年
ソフトウェア	3年又は5年
育成者権	10年又は8年
営業権	5年
専用側線利用権	30年
鉄道軌道連絡通行施設利用権	30年
電気ガス供給施設利用権	15年
水道施設利用権	15年
工業用水道施設利用権	15年
電気通信施設利用権	20年

出典：「減価償却資産の耐用年数等に関する省令」別表第三

13

借地権とは？

土地を貸したら権利金が必要となるの？

●借地権の意義

通常権利金の授受が慣習となっている地域の土地を、建物の敷地として第三者へ貸す場合は、権利金を受領しなくてはなりません。この権利金を借地権といいます。

借地権の会計処理について、会計基準には明確な規定はなく、税務においては、借地権は土地と同様、非償却資産として取り扱います。しかし、土地の賃貸借にあたり、権利金の授受が行われていない等、さまざまな慣習があります。そのため、一律的に借地権を非償却とはせず、取引の実態に即した処理を行うことが重要となります。

●借地権の取得原価

借地権の取得原価には、借地契約にあたって、土地所有者に支払った対価の額のほか、借地契約にあたって支払った手数料や賃借した土地を改良するために行った地ならし等の整地費用その他の費用の金額が含まれます。

●権利金の授受がない場合

借地権の設定に際し、通常権利金を授受する慣習があるにもかかわらず法人間において、その支払がない場合には、税務上無償による利益の供与にあたるとして、貸した側、借りた側ともに収益計上する必要があります。これを権利金の認定課税といいます。

しかし、権利金を受領せず土地を貸した場合であっても、相当の地代を授受するときは権利金の認定課税は行われません。

この相当の地代は、土地の時価、公示価格、財産評価額、財産評価額の過去3年平均額のいずれかの年6％程度となります。

借地権の認定課税

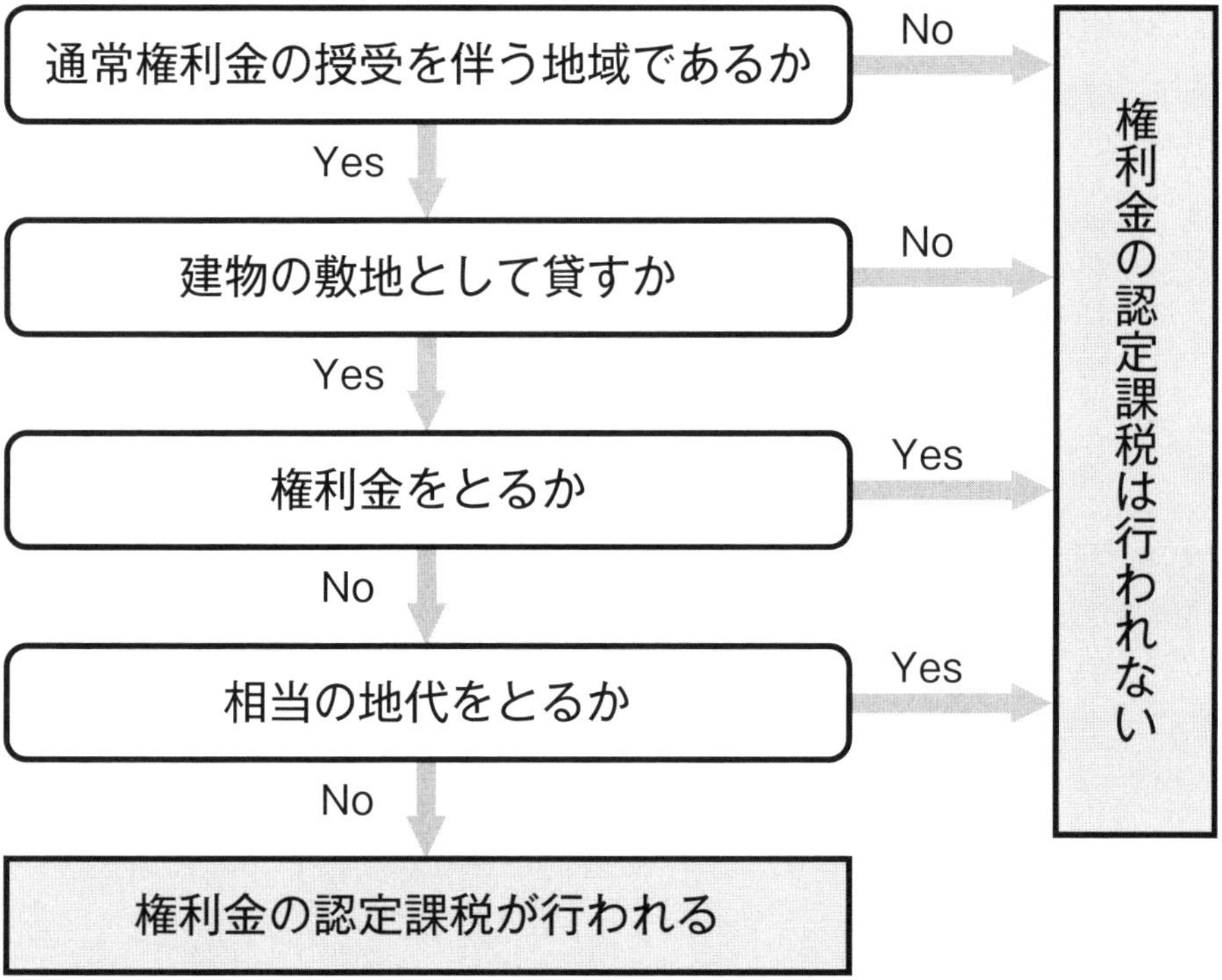
通常権利金の授受を伴う地域であるか
No
Yes
建物の敷地として貸すか
No
Yes
権利金をとるか
Yes
No
相当の地代をとるか
Yes
No
権利金の認定課税が行われる
権利金の認定課税は行われない

14 ソフトウェアとは？

自社利用か販売かの制作目的で会計処理が変わる！

●ソフトウェアの定義

ソフトウェアとは、コンピュータに一定の仕事を行わせるためのプログラム、システム仕様書、フローチャート等の関連文書のようなコンピュータ・ソフトウェアをいいます。ソフトウェアとコンテンツが経済的・機能的に一体不可分と認められるような場合には、両者を一体として取り扱うことができますが、コンテンツはソフトウェアには含まれません。

●ソフトウェアの種類

ソフトウェアは制作目的別に、費用処理するか資産計上するか区分されています。また、減価償却方法や耐用年数等も制作目的別に区分されるので、制作目的を確認することが重要です。

●市場販売目的のソフトウェアの会計処理

市場販売目的のソフトウェアの制作費用のうち、「最初に製品化された製品マスター」の完成時点までは研究開発費として処理し、その後に発生したものについては基本的に無形固定資産として資産計上します。「最初に製品化された製品マスター」とは、製品番号を付すこと等により販売の意思が明らかにされた製品マスターをいい、具体的には次の2点によって完成時点を判断します。

- 製品性を判断できる程度のプロトタイプが完成していること
- プロトタイプを制作しない場合は、製品として販売するための重要な機能が完成しており、かつ重要な不具合を解消していること

ソフトウェアの制作目的別会計処理

<table>
<tr><th></th><th colspan="2">制作目的</th><th>会計処理</th><th>減価償却方法</th><th>償却期間</th></tr>
<tr><td rowspan="3">ソフトウェア</td><td colspan="2">自社利用</td><td rowspan="2">無形固定資産</td><td>定額法が一般的</td><td>原則，5年以内</td></tr>
<tr><td rowspan="2">販売</td><td>市場販売目的</td><td>次のいずれか大きい方
①見込販売数量（または見込販売収益）に基づく減価償却額
②残存有効期間に基づく均等配分額</td><td>原則，3年以内</td></tr>
<tr><td>受注制作目的</td><td>棚卸資産</td><td colspan="2">償却はしない
（請負工事の会計処理に準じて処理）</td></tr>
</table>

内　容	会計処理
製品マスターの機能の著しい改良に要した費用	研究開発費として発生時の費用処理
製品マスターの機能の改良（著しいものを除く），強化に要した費用	無形固定資産として資産計上し，償却により費用配分
バグ取り，ウィルス防止等のソフトウェアの機能維持に要した費用	修繕費等として発生時の費用処理
製品としてのソフトウェアの制作原価（ソフトウェアの保存媒体のコスト，販売用とするための製品表示や包装に係るコストなど）	棚卸資産として資産計上し，販売時に売上原価として計上

出典：研究開発費等に係る会計基準
　　　研究開発費及びソフトウェアの会計処理に関する実務指針

15 繰延資産とは？①

会計上と税務上では繰延資産の範囲が違う

●繰延資産の意義

繰延資産とは、すでに代価の支払が完了しまたは支払義務が確定し、これに対応する役務の提供を受けたにもかかわらず、その効果が将来にわたって発現するものと期待される費用をいいます。これらの費用は、その効果が及ぶ数期間に合理的に配分するため、経過的に貸借対照表上に繰延資産として計上することができます。

繰延資産は、すでに役務の提供を受けており財産性はありません。役務の提供を未だ受けていない前払費用とは混同されやすいので、注意が必要です。

●会計上の繰延資産

会計上は、株式交付費、社債発行費等、創立費、開業費、開発費を繰延資産として取り扱います。

●税務上の繰延資産

税法における繰延資産は、会計上の繰延資産のほか、支出の効果がその支出の日以後1年以上に及ぶ次の費用も、税法固有の繰延資産となります。

(イ) 自己が便益を受ける公共的施設または共同的施設の設置または改良のために支出する費用

(ロ) 資産を賃借しまたは使用するために支出する権利金、立ちのき料その他の費用

(ハ) 役務の提供を受けるために支出する権利金その他の費用

(ニ) 製品等の広告宣伝の用に供する資産を贈与したことにより生ずる費用

(ホ) (イ)から(ニ)までに掲げる費用のほか、自己が便益を受けるために支出する費用

なお、税法固有の繰延資産については、長期前払費用または無形固定資産として貸借対照表に表示することとなります。

繰延資産－換金価値のない資産

項目	内　容
株式交付費	株式募集のための広告費，金融機関の取扱手数料，証券会社の取扱手数料，目論見書・株券等の印刷費，変更登記の登録免許税，その他株式の交付等のために直接支出した費用
社債発行費等	社債募集のための広告費，金融機関の取扱手数料，証券会社の取扱手数料，目論見書・社債券等の印刷費，社債の登記の登録免許税その他社債発行のため直接支出した費用
創立費	会社の負担に帰すべき設立費用，例えば，定款及び諸規則作成のための費用，株式募集その他のための広告費，目論見書・株券等の印刷費，創立事務所の賃借料，設立事務に使用する使用人の給料，金融機関の取扱手数料，証券会社の取扱手数料，創立総会に関する費用その他会社設立事務に関する必要な費用，発起人が受ける報酬で定款に記載して創立総会の承認を受けた金額並びに設立登記の登録免許税等
開業費	土地，建物等の賃借料，広告宣伝費，通信交通費，事務用消耗品費，支払利子，使用人の給料，保険料，電気・ガス・水道料等で，会社成立後営業開始時までに支出した開業準備のための費用
開発費	新技術又は新経営組織の採用，資源の開発，市場の開拓等のために支出した費用，生産能率の向上又は生産計画の変更等により，設備の大規模な配置換えを行った場合の費用をいう。ただし，経常費の性格をもつものは開発費には含まれない。

出典：実務対応報告第19号「繰延資産の会計処理に関する当面の取扱い」

16 繰延資産とは？②

繰延資産は種類によって償却期間が違う？

●繰延資産の会計処理および償却方法

会計上の繰延資産は、支出時の費用として処理することが原則ですが、繰延資産に計上することも可能です。また、償却期間は、創立費、開業費、開発費は、それぞれ5年以内、株式交付費は3年以内、社債発行費等は償還期限内となります。そして、償却方法は株式交付費、創立費、開業費、開発費は定額法により、社債発行費等は利息法を原則としつつも、継続適用を条件に定額法を採用することも可能です。

なお、支出の効果が期待されなくなった繰延資産は、その未償却残高を一時に償却します。この一時償却額は、損益計算書の特別損失に表示します。

税法固有の繰延資産は法定の償却期間で償却することとされており、償却方法は定額法となります。

●繰延資産の表示方法

繰延資産は、貸借対照表に繰延資産の部を設け、各繰延資産に対する償却累計額は、当該各繰延資産の金額から直接控除し、その控除残高を各繰延資産の金額として表示します。

なお、上述のとおり、税法固有の繰延資産については、長期前払費用等の項目で、投資その他の資産に表示します。

繰延資産の償却期間

<table>
<tr><th rowspan="2">項目</th><th colspan="2">会計処理</th><th rowspan="2">償却期間</th><th rowspan="2">償却方法</th></tr>
<tr><th>原則</th><th>容認</th></tr>
<tr><td>株式交付費</td><td rowspan="4">支出時に費用（営業外費用）として処理</td><td rowspan="5">繰延資産に計上</td><td>株式交付のときから３年以内のその効果の及ぶ期間</td><td>定額法</td></tr>
<tr><td>社債発行費等</td><td>社債の償還までの期間</td><td>利息法（継続適用を条件に定額法も採用可能）</td></tr>
<tr><td>創立費</td><td>会社の成立のときから５年以内のその効果の及ぶ期間</td><td>定額法</td></tr>
<tr><td>開業費</td><td>開業のときから５年以内のその効果の及ぶ期間</td><td>定額法</td></tr>
<tr><td>開発費</td><td>支出時に費用（売上原価又は販売費及び一般管理費）として処理</td><td>支出のときから５年以内のその効果の及ぶ期間</td><td>定額法その他の合理的な方法により規則的に償却</td></tr>
</table>

出典：実務対応報告第19号「繰延資産の会計処理に関する当面の取扱い」

コラム

広告宣伝用資産をタダでもらっても収益は計上されるのでご注意を!!

商売をしていると取引先から取引先の広告宣伝のために，高価な資産を無償でもらったり，かなり安い金額で取得できることがあります。たとえば，取引先の社名や商品名が大きく表示された自動車，ビール会社の社名が表示された冷蔵庫，展示用のモデルハウスなどがそれに該当します。

このような広告宣伝用の資産を取得した場合には，タダや安く買えてラッキーと済ますのではなく，取得者として税務上注意すべき点があります。

第一に注意すべき点は，もらった資産が広告宣伝用の資産かどうかを判別することです。ここで，広告宣伝用の資産ではないとなれば話は単純で，その資産の時価と取得に要した金額との差額を受贈益として計上して，そのうえで減価償却をすることになります。たとえば，150万円の価値のある資産，ただし，広告宣伝用の資産に該当しない資産をタダでもらった場合，資産を150万円計上するとともに受贈益として収益を150万円計上するのです。

次の注意点は，もらった資産が広告宣伝用である場合に特例があるということです。どのような特例かというと，受贈益に計上する金額を少なくしてもよいというものです。具体的には，資産をくれた取引先がその資産を取得するのに要した金額の３分の２に相当する金額を受贈益として計上し，同額をその固定資産の取得価額にすればよいのです。この場合，タダでもらった資産が広告宣伝用の資産であったすると，150万円の資産の３分の２の100万円を受贈益に計上して，同額の100万円を固定資産に計上することになります。また，３分の２に相当する金額が30万円以下である場合は，受け取った会社に経済的利益がないということで特に受贈益を計上しなくて構いません。

このように無償や廉価で資産を取得した場合でも，広告宣伝用の資産かどうかによって初年度に計上する受贈益や固定資産の金額が異なってきますので，注意が必要です。

間違っても，タダでもらったからといって，簿外にして受贈益も固定資産計上もしないということだけはないようにしましょう。タダでもらったものでも，価値があるものは固定資産になって，減価償却が必要ですので。

第3章

固定資産の取得原価

17

固定資産の取得原価

固定資産の取得形態によって何が違う？

固定資産の取得原価は耐用年数や償却方法とともに、減価償却の計算の基礎となる重要な要素の1つになり、その取得原価は減価償却を通じて耐用期間の各事業年度に配分されます。なお、固定資産の取得形態はさまざまであり、取得原価の具体的な計算は「企業会計原則と関係諸法令との調整に関する連続意見書第三 有形固定資産の減価償却について」に次の内容が記載されています。

●購入の場合

固定資産を購入した場合には、購入代金に買入手数料や運送費等の付随費用を加えて取得原価とします。ただし、正当な理由がある場合には、付随費用の一部または全部を加算しない額で取得原価とすることができ、購入に際して値引または割戻を受けたときには、購入代金から控除します。

●自家建設の場合

固定資産を自家建設した場合には、適正な原価計算基準に従って製造原価が計算され、これに基づき取得原価を計算します。なお、建設に要する借入資本の利子で稼働前の期間に属するものは、これを取得原価に算入することができます。

●現物出資の場合

株式を発行しその対価として固定資産を受け入れた場合には、出資者に交付された株式の発行価額をもって取得原価とします。

●交換の場合

自己所有の固定資産と交換により固定資産を取得した場合には、交換に供された自己資産の適正な簿価をもって取得原価とします。

●贈与の場合

固定資産を贈与した場合には、時価等を基準として公正に評価した額をもって取得原価とします。

固定資産の取得原価

取得形態	取得原価の算定方法
購　　入	（本体価額　－　値引割戻）＋　付随費用 付随費用の内容 ①買入手数料　②運送費　③荷役費 ④据付費　⑤試運転費等
自家建設	適正な原価計算基準による製造原価 借入資本利子は稼働前の期間対応分を加算できる
現物出資	出資者に交付された株式の発行価額
交　　換	交換提供固定資産の帳簿価額
贈　　与	時価等を基準とした公正な評価額

18 購入した場合の取得原価

取得原価に含めないことができる付随費用がある？

固定資産を購入した場合の取得原価は、購入代金に付随費用を加算した価額が取得原価とされ、値引等を受けた場合には、取得原価から控除されます。

●付随費用の取扱い

固定資産の取得原価には、原則として、引取費用等の付随費用を含めることとされているため、固定資産を購入によって取得した場合には、購入代金に買入手数料、運送費、荷役費、据付費、試運転費等の付随費用を加えて取得原価とし、値引または割戻を受けた場合にはその購入代金から控除することとされています。

●取得原価に含めないことができる付随費用

法人税基本通達では主に次の費用を取得原価に含めないことができるとしています。

① 租税公課等の額

不動産取得税、登録免許税その他登記等に要する費用

② 建設計画の変更により不要となった費用

建物の建設等のための調査、測量等で、その計画を変更したことで不要となったものに係る費用

③ 契約解除等の違約金

固定資産の取得契約を解除して、他の固定資産を取得することとした場合の違約金

④ 借入金の利子

事業供用前の固定資産を取得するための借入金の利子

⑤ 割賦購入資産の購入代価に含まれる利息相当額

契約において購入代価と割賦期間分の利息や売手側の代金回収のための費用等が明らかに区分されている場合のその利息や費用

取得原価に含めないことができる付随費用

1　租税公課等の額

2　建設計画の変更により不要となった費用

3　契約解除等の違約金

4　借入金の利子

5　割賦購入資産の購入代価に含まれる利息相当額

19

自家建設・現物出資した場合の取得原価

自家建設と現物出資の場合で何が違う？

●自家建設の場合

自ら使用する固定資産を建設、制作、製造した場合には、適正な原価計算基準に従って製造原価を計算し、これに基づいて取得原価を計算します。

なお、自家建設にあたって資金の借入をした場合に、その借入利息も取得原価に含めるかどうかについては、借入利息は時の経過に伴って発生するものであるため、原則として取得原価には含めず、発生時の費用とされます。ただし、固定資産の稼働前の期間に属する利息である場合には、建設に要する借入資本の利子であり、例外的に借入利息を取得原価に算入することも認められています。

なお、借入資本の利子を取得原価に算入するのは、固定資産の事業供用日前には収益は生じていないにもかかわらず、費用を先行して計上することは、費用・収益対応の観点から好ましくないとする考え方に基づいています。

また、法人税法においては、固定資産を取得するための借入金の利息うち、事業供用前の期間に係るものであっても、取得原価に算入しないことができるものとしています。

●現物出資の場合

会社の設立や増資の際には、通常は金銭で出資されますが、それ以外にも固定資産や有価証券等で出資される場合があります。このように現物出資とは、株式の発行の対価を現金等に替えて固定資産や有価証券等の現物あるいは物品によって受け入れることをいいます。

現物出資が行われた場合の受入資産の取得原価は、出資者に交付された株式の発行価額となります

自家建設に係る借入資本の利子の取扱い

	原　則	例　外
取扱い	取得原価には算入せず，支出した期の期間費用として取り扱う。	稼働前の期間に属するものは，取得原価に算入することができる。
理由	借入資本の利子は財務活動により発生するものであるため，財務費用として計上すべきである。	稼働前の期間に属するものを取得原価に算入することを認めるのは，費用・収益対応の見地から，取得原価に算入し，その費用化を通じて将来の収益と対応させるためである。

現物出資の取得原価

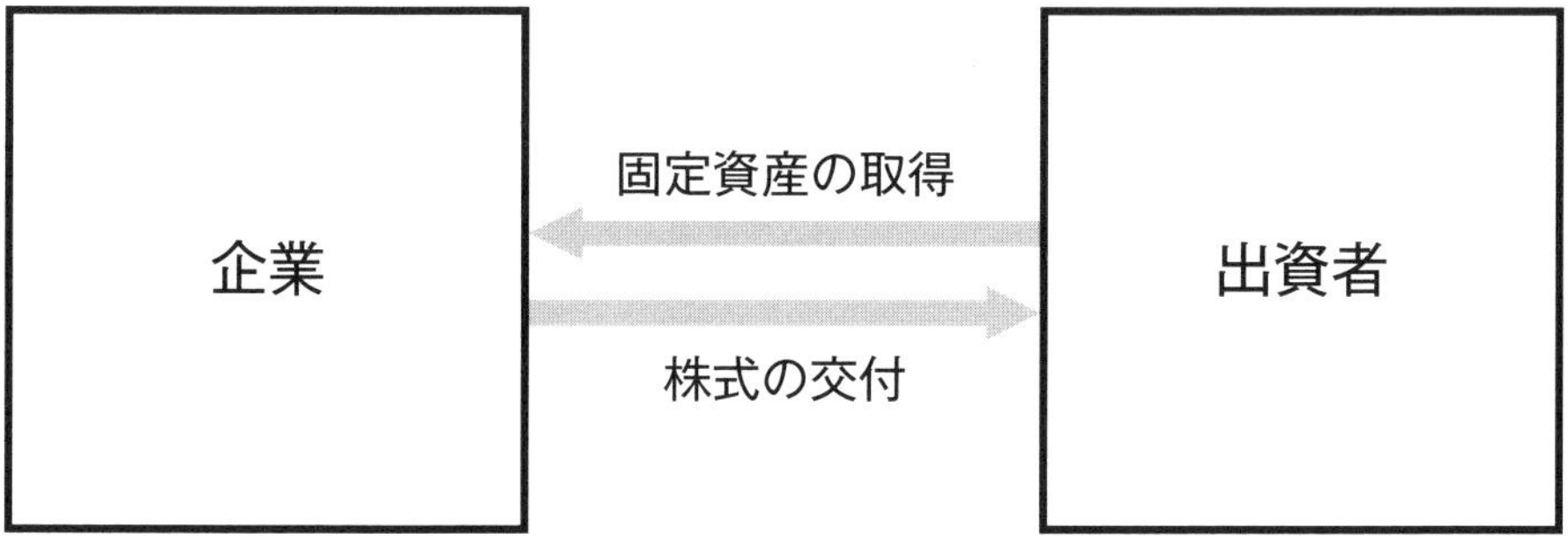

企業が出資した株式の発行価額をもって，取得原価とされます

20 交換の場合の取得原価

交換の場合は2つの方法が考えられる

固定資産を交換によって取得した場合の取得資産の取得原価の決定にあたっては、次の方法があると考えられます。

①譲渡資産の帳簿価額を取得原価とする方法

自己所有の固定資産と交換によって固定資産を取得した場合には、交換に供された自己資産の適正な帳簿価額をもって取得原価とします。

この方法は同一種類、同一用途の譲渡資産と取得資産との交換の場合には、基本的に資金的な移動はなく、両者に連続性が認められるので、会計上両者を同一視することができ、実質的に取引がなかったものとの見解に基づくと考えられています。

②譲渡資産または取得資産の公正な市場価額を取得原価とする方法

この方法は交換取引による取得資産の取得原価を、譲渡資産または当該取得資産の公正な市場価額とすることが、本来の取得原価であるとの見解に基づくと考えられています。

なお、「圧縮記帳に関する監査上の取扱い」では、①②のどちらが妥当かは明らかにされておらず、交換取引の実態に応じて判断すべきこととされています。

また②が適用される場合には、譲渡資産または取得資産の公正な市場価額を取得原価とすることで、交換差益を計上するケースがあり、そのままでは課税所得が発生することになります。そこで税法では例外として、一定の要件に該当する場合には、固定資産の取得原価を圧縮する圧縮記帳制度が認められています。

譲渡資産の帳簿価額を取得原価とする方法

同種固定資産との交換の場合には，基本的に資金的移動はなく，譲渡資産と取得資産との間に連続性が認められるので，取得資産の取得原価を譲渡資産の帳簿価額とし，未実現利益の計上を防ぐとする考え方です。

交換譲渡資産の時価を取得原価とする方法

資産の取得原価は譲渡した資産の時価をその対価としているので，これを取得原価とすべきという考え方になります。

交換取得資産の時価を取得原価とする方法

交換のため譲渡した資産の帳簿価額が，取得資産の時価よりも低い場合には，取得資産の時価と譲渡資産の時価との差額である受贈益と，譲渡資産の時価とその帳簿価額との差額である譲渡益からなる交換差益が生じます。

21 贈与の場合の取得原価

贈与者と受贈者が個人か法人かで税務上の取扱いが変わる

固定資産を贈与された場合には、時価等を基準として公正な評価額をもって取得原価とします。

なお、資産の贈与が行われた場合の贈与者と受贈者との税務上の取扱いは、次のとおりになります。

●個人から個人へ資産を贈与した場合

個人間で資産の贈与が行われた場合には、原則として、資産の贈与をした個人には税金は課されず、資産の贈与を受けた個人は贈与税が課されることになります。

●個人から法人へ資産を贈与した場合

個人が法人へ資産を贈与した場合には、贈与した個人はその資産を時価で贈与したものとみなされ、みなし譲渡として所得税が課されることになります。一方で、資産の贈与を受けた法人においては、贈与時の時価に相当する金額を受贈益等で収益認識する必要があります。

●法人から個人へ資産を贈与した場合

法人が個人へ資産を贈与した場合には、贈与した法人はその資産を時価で贈与したものとされ、給与や寄附金として取り扱うことになります。一方で、資産の贈与を受けた個人においては、給与所得または一時所得として所得税が課されることになります。

●法人から法人へ資産を贈与した場合

法人間で資産の贈与が行われた場合には、贈与した法人はその資産の時価を寄附金として取り扱うことになります。一方で、資産の贈与を受けた法人においては、贈与時の時価に相当する金額を受贈益等で収益認識する必要があります。

※グループ法人税制の適用により、完全支配関係のある法人間の場合は、特別な取扱いがあります。

資産を贈与した場合の課税関係

贈与者	受贈者	贈与者に対する課税関係	受贈者に対する課税関係
個人	個人	原則として課税関係なし	贈与税
個人	法人	みなし譲渡課税	受贈益等として収益認識
法人	個人	賞与または寄附金	給与所得または一時所得
法人	法人	寄附金	受贈益等として収益認識

22 土地建物等を一括購入した場合の取得原価

相続税評価額や鑑定評価額などを基礎として算出を行う

土地または借地権と建物とを一括して購入した場合のそれぞれの取得原価は、次の方法により計算されます。

●購入時の時価（相続税評価額等）を基準に按分する方法

一括して購入した場合の各固定資産の取得原価は、それぞれの時価を基礎として計算します。なお、各固定資産の時価の算定は困難な場合が多いため、相続税の評価額や不動産鑑定士の鑑定評価額を基礎として、按分計算をすることもできます。

●一括購入価額から建物評価額を控除する方法

一括購入した金額から建物の時価を控除した残額を土地または借地権の取得原価とします。建物の時価の算定が困難な場合には、その建物の再調達価額に未償却残価率を乗じた価額を建物の時価とすることができます。

●一括購入価額から土地等評価額を控除する方法

一括購入した金額から土地または借地権の時価を控除した残額を建物の取得原価とします。土地または借地権の時価については、不動産鑑定士の鑑定評価額あるいは近隣類似土地の売買実例を批准した価額によることもできます。

なお、土地建物等の取得に際し、購入時からその建物を取り壊して土地を利用する目的であることが明らかな場合には、建物等に係る一定の金額を、その土地または借地権の取得原価に算入します。

時価（相続税評価額等）を基準に按分する方法

$$\text{各固定資産の取得原価} = (\text{一括購入価額} + \text{付随費用}) \times \frac{\text{各固定資産の時価}}{\text{各固定資産の時価合計額}}$$

一括購入価額から建物評価額を控除する方法

土地等の取得原価 ＝ （一括購入価額 ＋ 付随費用）－ 建物の時価

一括購入価額から土地等評価額を控除する方法

建物の取得原価 ＝ （一括購入価額 ＋ 付随費用）－ 土地の時価

23

取得原価の調整の取扱い

値引や割戻し等の特殊な事情がある場合は調整が必要

通常の取得原価は原則として、**取得原価＋付随費用＋取得のために直接要した費用**として計算されますが、次の場合のように特殊な事情がある場合には、取得原価の調整を要します。

●値引や割戻等の取扱い

すでに事業に供している固定資産について、その後値引や割戻等を受けた場合には、値引等を考慮して取得原価を減額した後の金額を、その固定資産の帳簿価額とすることができます。そのため、帳簿価額を減額した場合にはその後の減価償却費の計算は、減額後の帳簿価額に基づいて行うことになります。

●土地等とともに取得した建物の取壊費用の取扱い

土地（借地権を含む）を建物とともに取得した場合、または自己の有する土地の上に存する借地人の建物等を取得した場合において、その取得後おおむね1年以内にその建物等の取壊しに着手するなど、購入時からその建物等を取り壊して土地を利用する目的であることが明らかな場合には、その建物等の取壊し時の帳簿価額と取壊費用の合計額から廃材の処分価額を控除した金額は、その土地の取得原価に算入します。

●借入金の利子の取扱い

固定資産を取得するための借入金の利子については、原則として費用計上されることになります。また法人税基本通達においても、取得原価に含めないことができる付随費用の範囲に含まれているため、支払時に取得原価に算入しないことができるとされています。これはその固定資産の事業供用前の期間に支払った利息も含まれます。

なお、借入金の利子を建設中の固定資産に係る建設仮勘定に含めた場合には、その利子は固定資産の取得原価に算入されることになります。

通常の取得原価

支払対価	＋	付随費用	＋	取得のために直接要した費用

値引きや割戻等があった場合

以下の金額を取得原価から減額

$$\text{値引き等の額} \times \frac{\text{値引き等の直前における当該固定資産の帳簿価額}}{\text{値引き等の直前における当該固定資産の取得原価}}$$

土地等とともに取得した建物の取壊費用

（取得時からその建物を取り壊して土地を利用する目的であることが明らかな場合）

土地の取得原価にその建物等の取壊し時の帳簿価額と取壊費用の合計額は算入される

↑

廃材等の処分によって得た金額がある場合には，その金額を控除した金額

借入金の利子と建設仮勘定

借入金の利子の額を建設中の固定資産に係る建設仮勘定に含めたときは，その利子の額は固定資産の取得原価に算入される

24

少額な減価償却資産

中小企業者等の場合、取得原価が30万円未満のものには特例が使える

●**即時償却資産**

減価償却資産のうち、その使用期間が1年未満であるものまたはその取得原価が10万円未満であるものについては、その事業の用に供した日の事業年度において、全額費用処理することができます。

●**一括償却資産**

減価償却資産で、その取得原価が20万円未満であるものを事業の用に供した場合には、その資産の全部または一部を一括したものの取得原価の合計額について、3年間で均等に損金算入することができます。

●**少額減価償却資産**

中小企業者等が、取得原価が30万円未満である減価償却資産を平成32年3月31日までの間に取得して事業の用に供した場合には、その取得原価に相当する金額を損金の額に算入することができます。ただし、適用を受ける事業年度における少額減価償却資産の取得原価の合計額が３００万円を超えるときは、３００万円に達するまでの取得原価の合計額が限度となります。

ここでいう中小企業者等とは、次の①または②に掲げる法人をいいます。

① 資本金または出資金が1億円以下の青色申告法人

ただし、常時使用する従業員数が千人を超える法人や、資本金または出資金が1億円を超える法人に発行済株式総数の過半数を所有されている法人、2社以上の大規模な法人に発行済株式総数の3分の2以上を所有されている法人は除かれます。

② 資本金または出資金がない青色申告法人のうち、常時使用する従業員数が千人以下の法人

少額減価償却資産の損金算入の特例の適用を受ける場合は、取得原価を費用処理するとともに、確定申告において、少額減価償却資産に関する明細書の添付が必要となっております。

固定資産の処理について

取得原価によって，それぞれ次の選択肢から選択することができます。

取得原価	即時償却資産	一括償却資産	少額減価償却資産	普通償却
10万円未満	○	○	○	○
10万円以上～20万円未満	×	○	○	○
20万円以上～30万円未満	×	×	○	○
30万円以上～	×	×	×	○
具体的処理方法	全額を購入事業年度の費用として損金算入する方法。	対象資産を取得年度ごとにまとめて１つの資産とみなして，３年で均等償却する方法。	全額を取得した年の損金に算入できる。ただし，中小企業者等で従業員数が1,000人以下の法人以外は使用できない。	資産に計上し，減価償却を通じて数年間で費用化する方法。
メリット	●資金効率は最も良い。 ●固定資産税がかからない。	●固定資産税はかからない。 ●計算上，原則として月数按分は行わない。	●節税効果がある。	●費用収益の対応が比較的図れる。 ●赤字の場合には経費を繰り延べる効果がある。
デメリット	●費用収益の対応は少なくなる。	●３年以内に除却しても，償却は続けなければならない。 ●耐用年数が短い資産については，資産計上した方が早期に償却が進む場合がある。	●固定資産税は課税される。 ●１年間に合計300万円までしか使えない。	●固定資産税は課税される。

※金額の判定は税抜経理を採用している場合は消費税抜の金額で，税込経理を採用している場合は，消費税込の金額で判定します。
※上記の判定は，原則として通常1単位として取り引きされる単位ごとに行います。
※取得原価には購入金額の他，原則として設置費用等の付随費用も含まれます。
※使用可能期間が1年未満の資産については，金額にかかわらず即時償却を選択できます。

25

修繕費と資本的支出

判定できないものはどう取り扱うか？

●修繕費

その支出が通常の維持管理に要するもの、または原状回復のために要するものは修繕費となります。

●資本的支出

資産の価値を増加させるもの、または耐用年数を延長させるものであれば、資本的支出として資産に計上されます。

●判定基準

修繕費と資本的支出を区分することは実務上困難な場合がありますので、一定の基準によって判定していきます。

① ひとつの修理や改良のために支出した費用が20万円未満の場合、またはおおむね3年以内の周期で修理や改良が行われている場合には修繕費として処理することができます。

② 修繕費であるか、資本的支出であるか明らかでないものについて、支出額が60万円未満の場合、または支出額がその固定資産の前期末の取得原価のおおむね10％相当額以下である場合には、修繕費として処理することができます。

③ 修繕費であるか、資本的支出であるか明らかでないものについて、継続適用を条件に、その支出額の30％相当額とその固定資産の前期末の取得原価の10％相当額とのいずれか少ない金額を修繕費として処理することができます。

修繕費と資本的支出のチャート

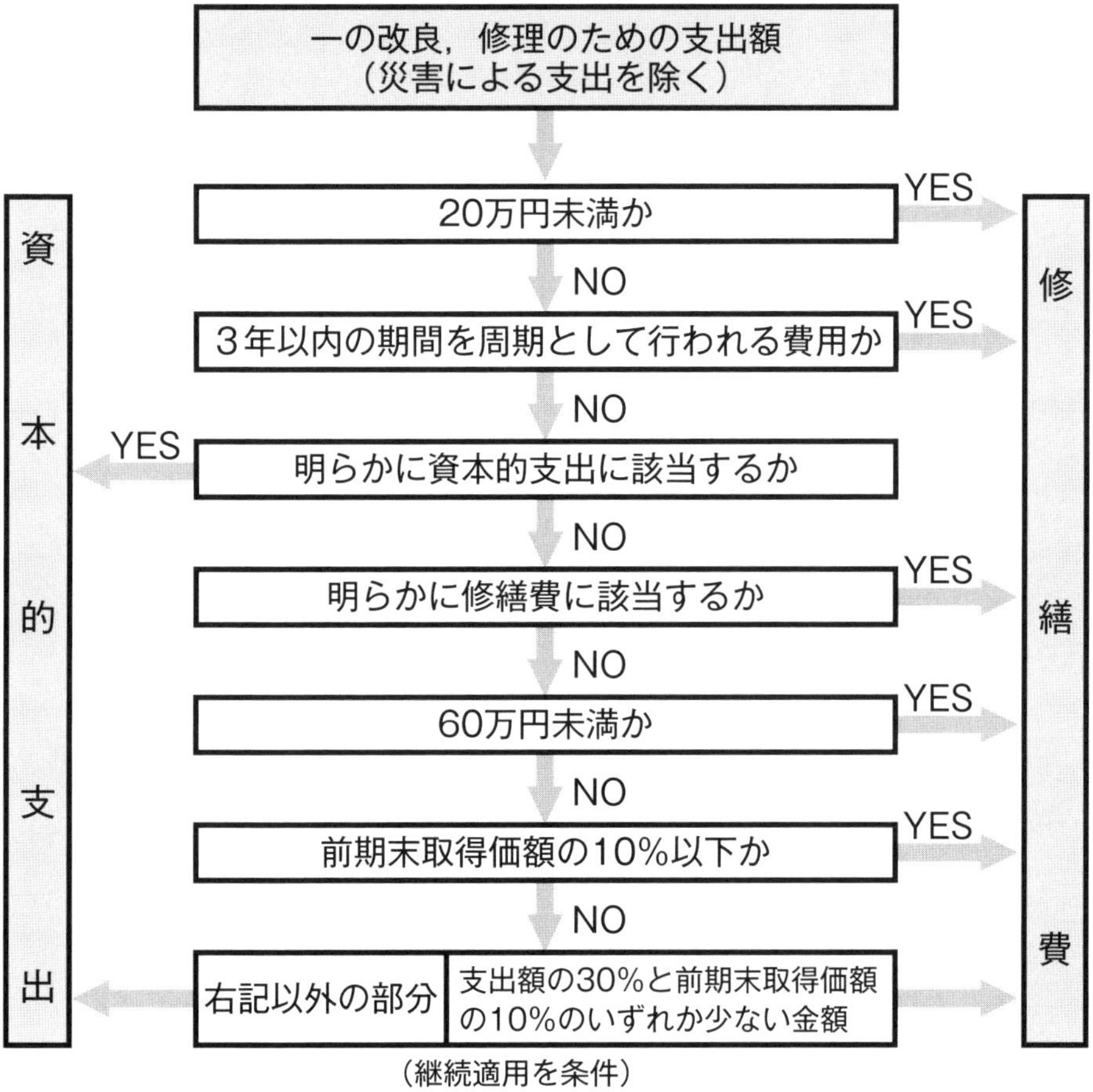

出典：CSアカウンティング『対話式で気が付いたら決算書が作れるようになる本』税務経理協会

コラム

HP作成費用は全額損金になるのか？

インターネットがここまで普及してくると，ほとんどの会社が自社の宣伝のためにホームページを開設していると思います。

そこで疑問が生じるのが，ホームページの作成費用が固定資産になるのか単年度の費用になるのかという点です。

この点，広告宣伝の意味合いが強いという視点で，単年度の費用で処理している会社が多いと思いますが，以前は国税庁のウェブサイトに，ホームページの制作費用の取扱いについて次のように趣旨の内容が掲載されていました。

「通常，ホームページは企業の新製品のPRのために制作されるものであり，その内容は頻繁に更新されるため，開設の際の制作費用の支出の効果が１年以上には及ばないと考えられるので，ホームページの制作費用は，原則として，その支出時の損金として取り扱うのが相当である。

ただし，ホームページの内容が更新されないまま使用期間が１年を超える場合には，その制作費用は合理的に見積もった使用期間に応じて均等償却する必要がある。

また，制作費用の中にプログラムの作成費用（ソフトウェアの開発費用）が含まれるようなホームページについては，その制作費用のうちプログラムの作成費用に相当する金額は耐用年数「５年」を適用して償却することとなる。」

現在は上記の内容が国税庁のウェブサイトには掲載されていませんが，取扱いは原則として特に変わっていないものと思われます。

実務上，判断が悩ましいのは制作費用に資産計上すべきプログラムが含まれているかどうかです。たとえば，オンラインショッピング機能などはプログラムに該当して資産計上のうえ，減価償却をすることになると思います。

資産計上に該当しないものとしては，お問い合わせフォームや資料請求フォームなどが考えられます。

時代とともにホームページも進化して，できあがるものも革新的になってきていて，何が資産計上すべきものなのかを判断するのが悩ましい時代になりました。

第4章

耐用年数と減価償却の計算方法

26 耐用年数

物質的減価と機能的減価では何が違う？

●**耐用年数の決定**

耐用年数の決定は、減価償却費を計算するうえで重要な要素の1つです。耐用年数は、端的にいえば減価償却資産の使用可能期間を意味しますが、予測可能な物質的減価と機能的減価の双方を考慮して決定されます。

●**物質的減価**

物質的減価とは、使用、時の経過、災害や事故によって物的価値が減少していく考え方になります。摩耗、減耗、老朽化などは、予測可能な物質的減価のため、耐用年数の見積りに考慮させますが、災害や事故による不測の事態によって生じる価値の減少については、予測が困難であり、耐用年数の見積りからは除外されます。予測不能な物質的減価は、減損会計を適用し、減損損失として会計上処理する方法があります。

●**機能的減価**

機能的減価とは、急速な技術革新による陳腐化、市場需要の変化などによる外部経営環境により利用価値が減少していく考え方になります。耐用年数の見積りを行う製品の過去の技術革新や市場変動要素から予測可能な陳腐化等は、耐用年数の見積りに考慮する必要があります。予測不能な陳腐化等が発生した際には、固定資産の耐用年数を変更する必要が生じ、会計上、発生した期以降の費用配分に影響させる方法（プロスペクティブ方式）のみ認められています（会計上の変更及び誤謬の訂正に関する会計基準57条）。

減価要因と会計処理

減価要因		会計処理
予測可能な減価 ※耐用年数の見積りに考慮する	物質的減価 （減耗，老朽化）	正規の減価償却
	機能的減価 （陳腐化，市場需要の変化）	正規の減価償却
予測不能な減価	物質的減価 （災害，事故）	減損損失，滅失損失
	機能的減価 （急激な陳腐化，市場需要の変化）	発生した期以降の減価償却に影響させる（プロスペクティブ方式）

27 法定耐用年数

法人税法上の耐用年数の考え方を用いれば会計上も問題なし

●個別的耐用年数と一般的耐用年数

本来は、各企業が自己の減価償却資産の特殊事情を考慮し、経済的使用可能予測期間を適切に見積もり、自主的に耐用年数を決定することが望ましいとされています。この自主的に算定した耐用年数は、個別的耐用年数といわれます。しかし、実務上、減価償却資産の耐用年数を見積もることは極めて困難であり、各企業にその耐用年数を自由に算定させることについては、課税の公平性の観点からも問題を少なからず含んでいます。

そこで、個別的耐用年数とは別に、企業に固有の事情は考慮せず、社会的、平均的に考慮して画一的に決定された一般的耐用年数という考え方があります。

●法定耐用年数

法人税法上では、減価償却資産の種類、構造、用途などに応じて、耐用年数省令にて耐用年数を定めています。これを法定耐用年数といいますが、一般的耐用年数の考え方によります。法人税では、この法定耐用年数に基づき減価償却費の償却限度額を計算しなければなりません。

多くの企業がこの法定耐用年数を用いている現状に鑑み、耐用年数に不合理と認められる事情のない限り、法人税法上の法定耐用年数を用いることが会計上も認められています。

個別的耐用年数

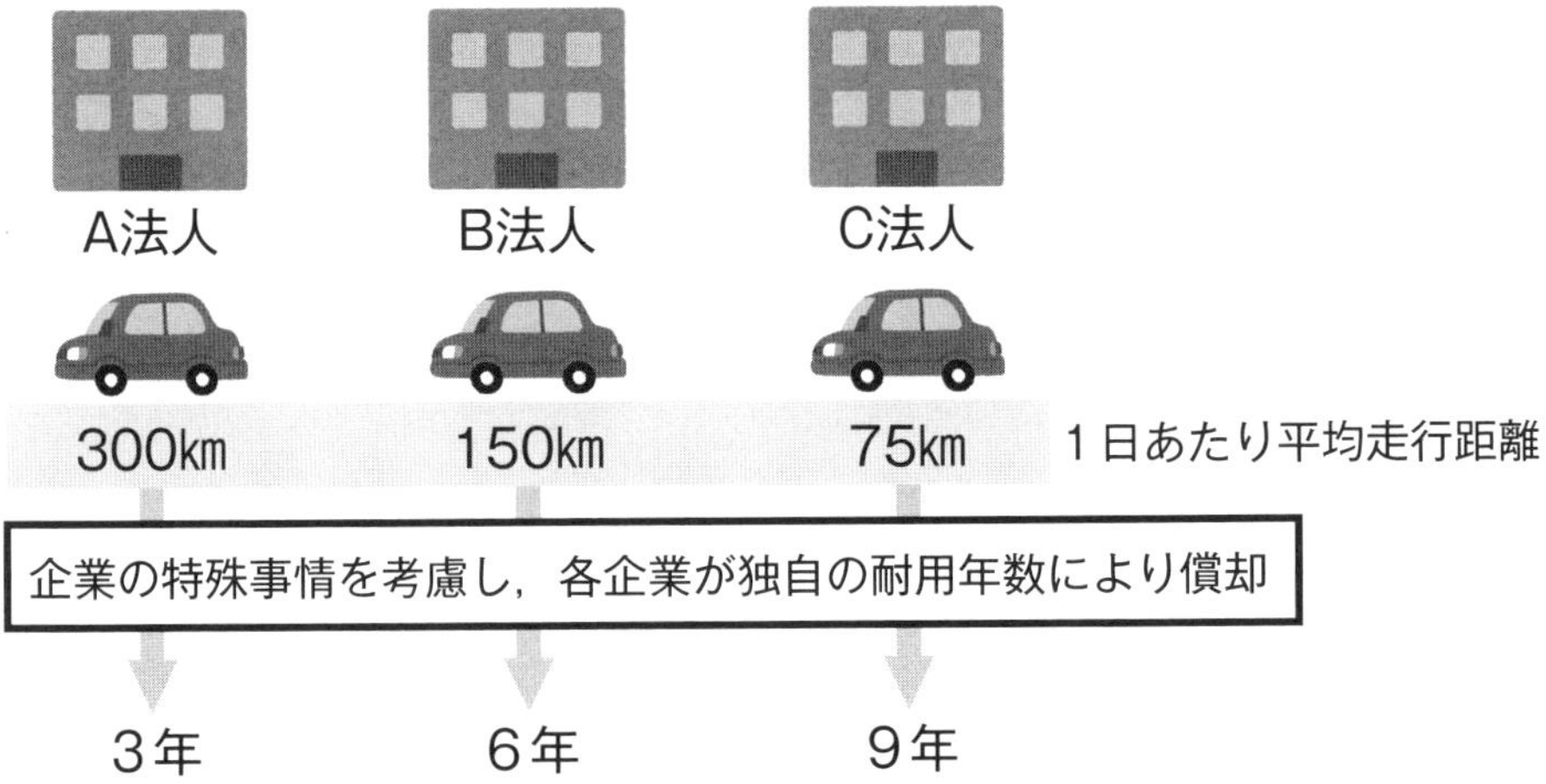
A法人
B法人
C法人
300km
150km
75km
1日あたり平均走行距離
企業の特殊事情を考慮し，各企業が独自の耐用年数により償却
3年
6年
9年

一般的耐用年数

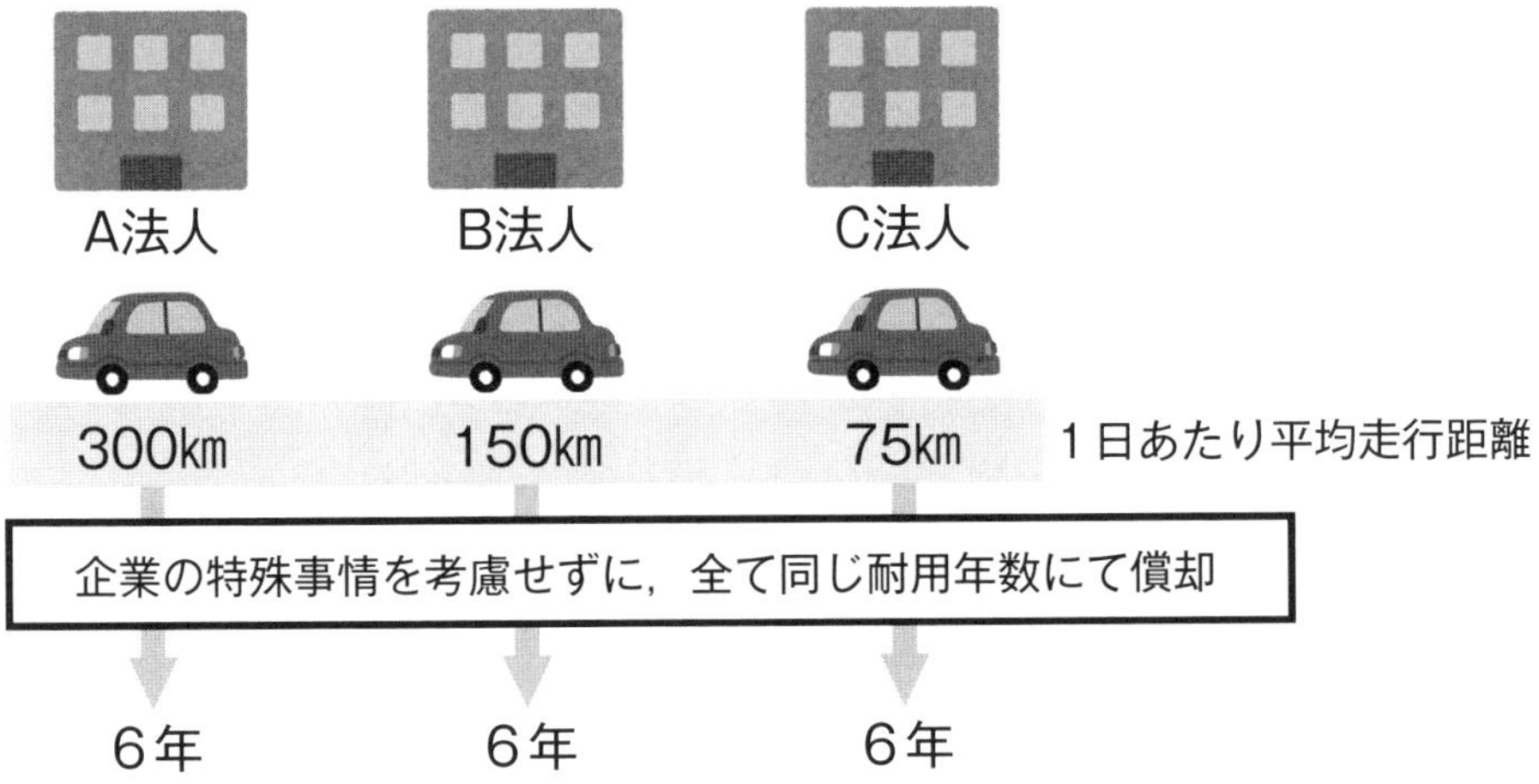
A法人
B法人
C法人
300km
150km
75km
1日あたり平均走行距離
企業の特殊事情を考慮せずに，全て同じ耐用年数にて償却
6年
6年
6年

28

定額法とは?

毎期一定額の減価償却費が計算される償却方法

●毎期均等額を減価償却

企業会計原則注解（注20）において、定額法は、「固定資産の耐用期間中、毎期均等額の減価償却費を計上する方法」と定義されており、毎期一定額が減価償却費として計上される計算方法となります。

具体的には左記算式により簿価1円まで償却します。

取得原価×定額法の償却率

資産を年の途中で取得または除却・売却した場合には、右記の金額を12で除し、その年分において事業の用に供していた月数を乗じて計算した金額となります。これは、後述の旧定額法においても同様です。

●計算方法は2種類

平成19年度の税制改正により、平成19年4月1日以後に取得する資産から、償却可能限度額および残存価額が廃止され、耐用年数経過時に残存簿価1円まで償却できるようになるとともに、新たな償却方法として、「定額法」や「定率法」などが導入されました。

これにより、平成19年3月31日以前に取得した資産に適用される従前の計算方法を「旧定額法」「旧定率法」「旧生産高比例法」と呼ぶこととなりました。

●旧定額法

旧定額法の算式は左記のとおりです。

（取得原価－残存価額※）×旧定額法の償却率

取得原価の95%相当額まで償却した年分の翌年分以後は、期首帳簿価額から1円を控除した金額を5で除した金額が償却費の額となり、簿価が1円になるまで均等償却します。

※残存価額が、取得原価の10%とされている資産については、「取得原価－残存価額」を「取得原価×90%」として計算します。

定額法（旧定額法）による償却方法

【取得原価1,000，耐用年数５年（償却率0.2）の資産を期首に取得し，定額法で償却した場合】

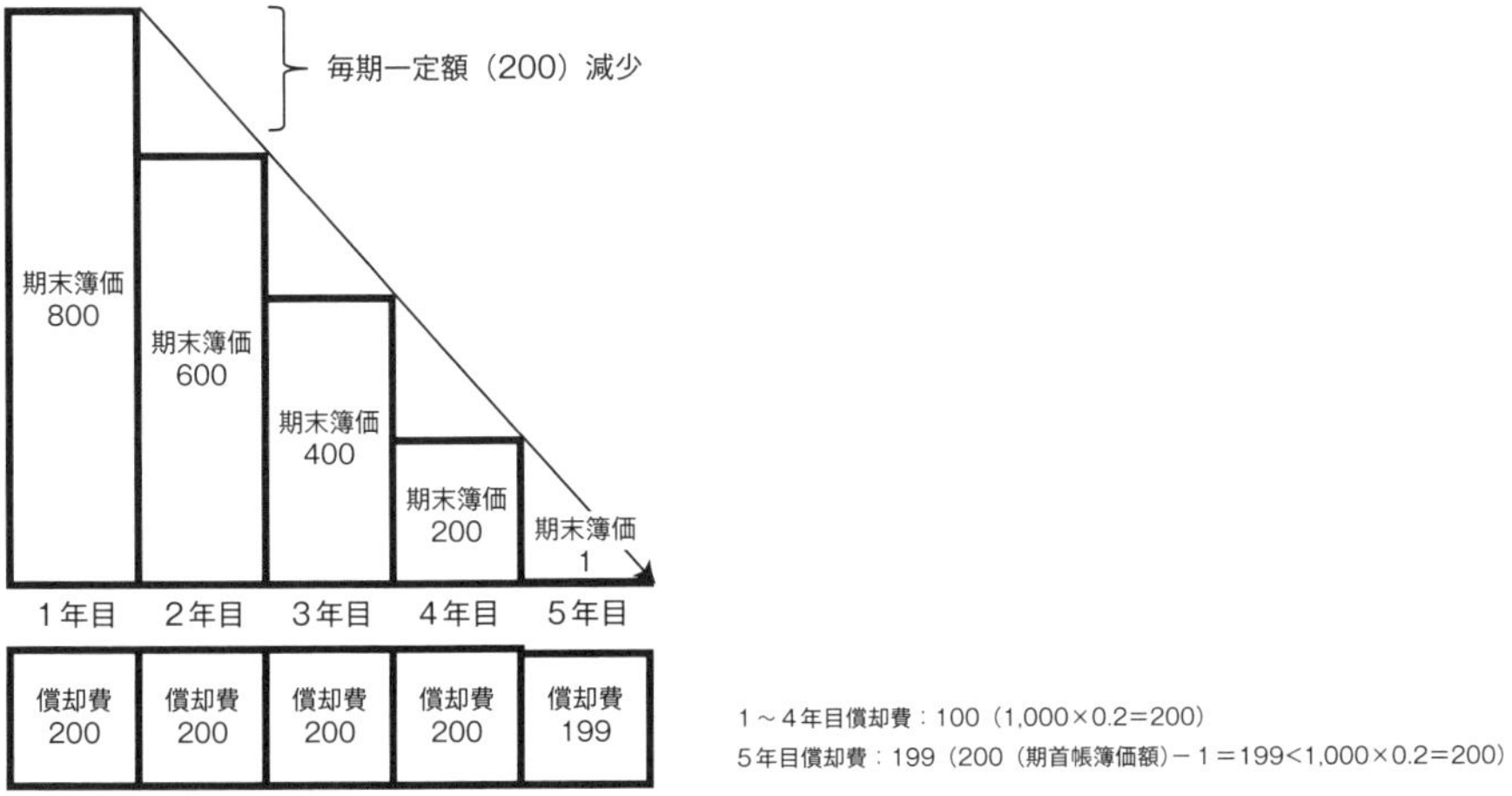

1～4年目償却費：100（1,000×0.2=200）
5年目償却費：199（200（期首帳簿価額）－1＝199<1,000×0.2=200）

【取得原価1,000（残存価額は取得原価の10%），耐用年数５年（償却率0.2）の資産を期首に取得し，旧定額法で償却した場合】

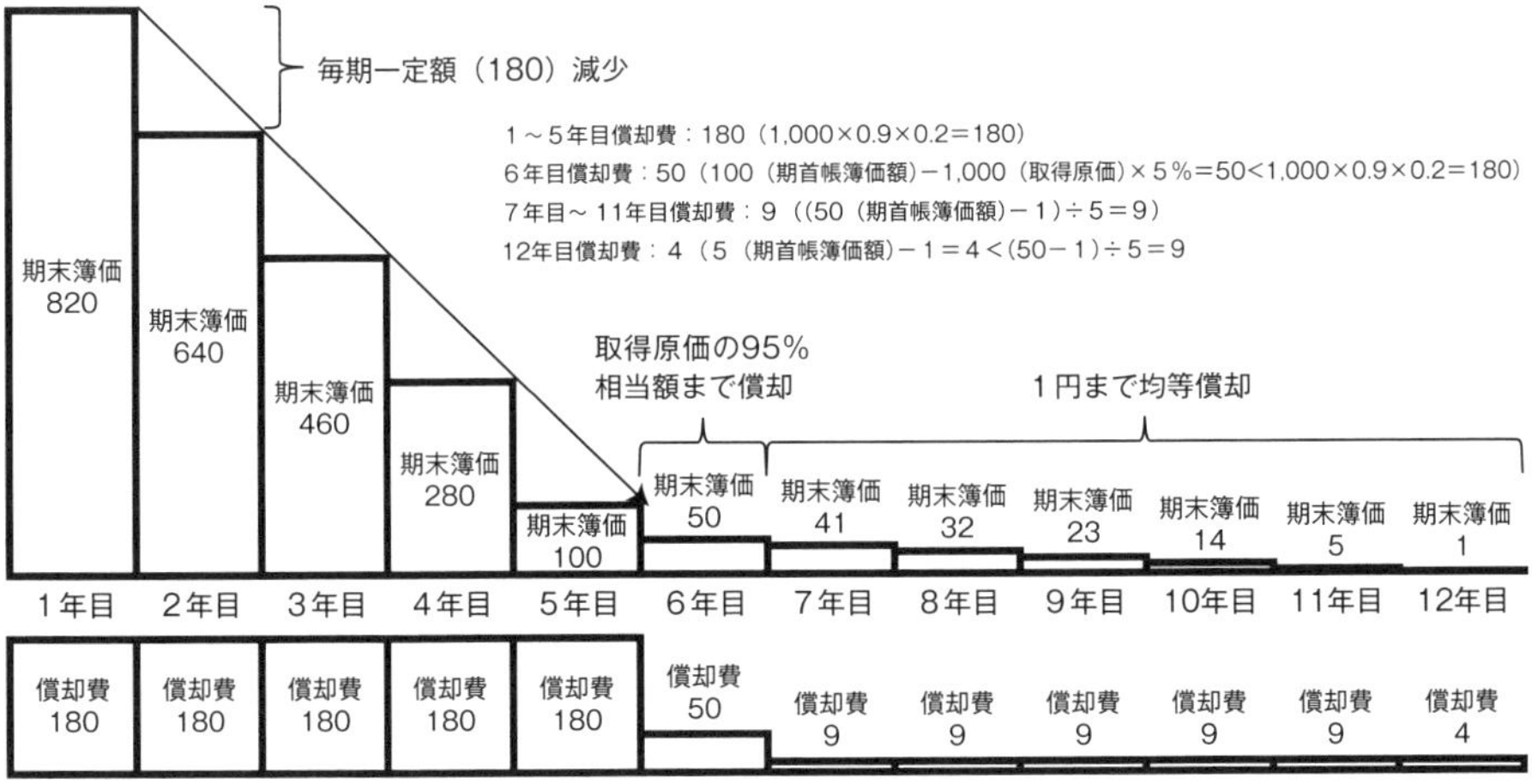

1～5年目償却費：180（1,000×0.9×0.2=180）
6年目償却費：50（100（期首帳簿価額）－1,000（取得原価）×５%=50<1,000×0.9×0.2=180）
7年目～11年目償却費：9（(50（期首帳簿価額）－1）÷5＝9）
12年目償却費：4（5（期首帳簿価額）－1＝4＜(50－1)÷5＝9

29

定率法とは?

取得当初に多額の減価償却費が計算される償却方法

●毎期一定率を減価償却

定率法は、企業会計原則注解において、「固定資産の耐用期間中、毎期期首未償却残高に一定率を乗じた減価償却費を計上する方法」です。定額法が毎期一定額の減価償却費が計上されるのに対して、定率法は毎期、未償却残高に対して一定率の減価償却費が計上される方法です。そのため、未償却残高の大きい取得初年度に最も多く減価償却費が計上され、その後、年とともに減価償却費が減少していくこととなります。

●旧定率法

税務上は、平成19年3月31日以前に取得した減価償却資産の減価償却費については、税制改正前の計算の仕組みである「旧定率法」で計算することとされており、次の算式で計算することとなります。

未償却残高※×旧定率法の償却率

資産を年の中途で取得または除却・売却した場合には、右記の金額を12で除しその年分において事業の用に供していた月数を乗じて計算した金額となります。

これは、後述の定率法においても同様です。

取得原価の95％相当額まで償却した年分の翌年分以後は、期首帳簿価額から1円を控除した金額を5で除した金額が減価償却費の額となり、1円まで均等償却します。

※取得原価から前年までの減価償却費の合計額を差し引いた金額（期首帳簿価額）をいいます（以降、「定率法」の算式においても同じ）。

●税務上定額法の適用しか認められない資産

法人税法上は、平成10年4月1日以後に取得した建物や平成28年4月1日以後に取得した建物附属設備・構築物など、定額法の適用しか認められない資産があるため、注意が必要です。

旧定率法による償却方法

【取得原価1,000，耐用年数５年（償却率0.369）の資産を期首に取得し，旧定率法で償却した場合】

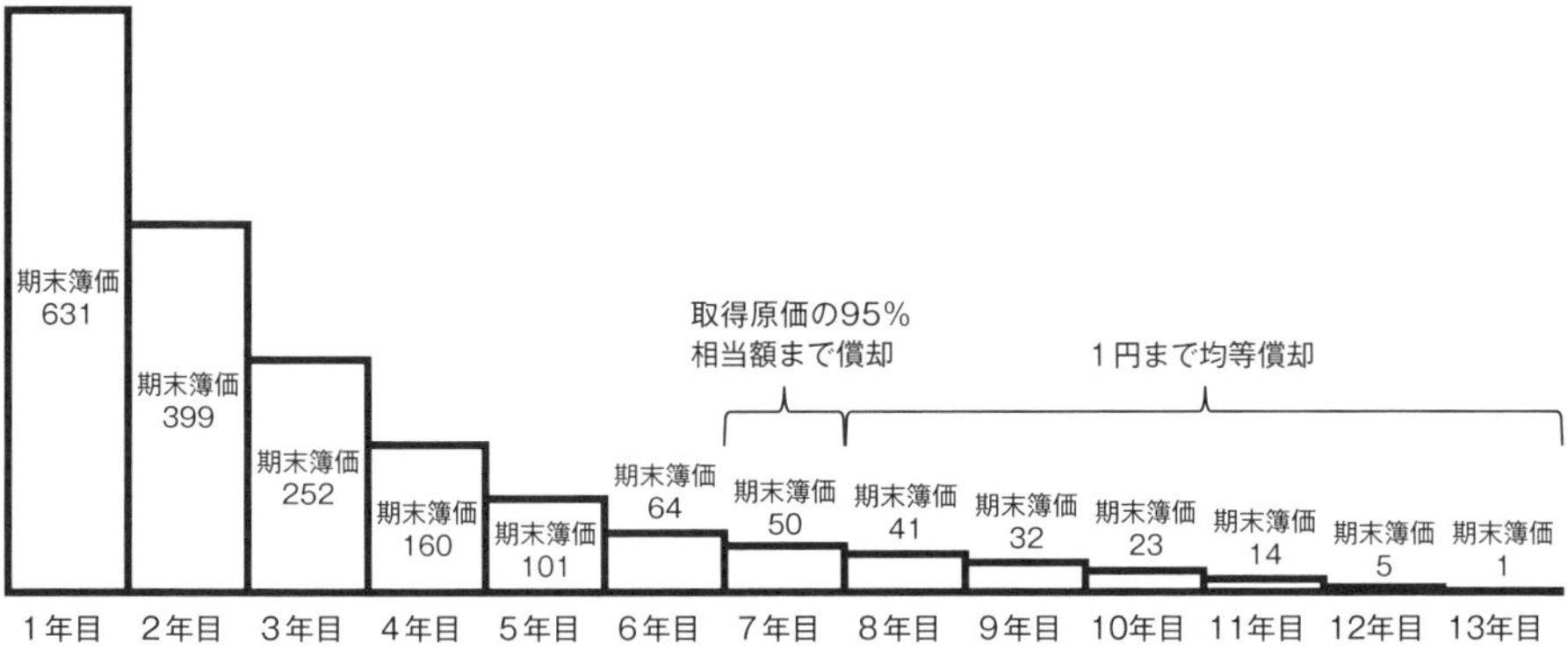

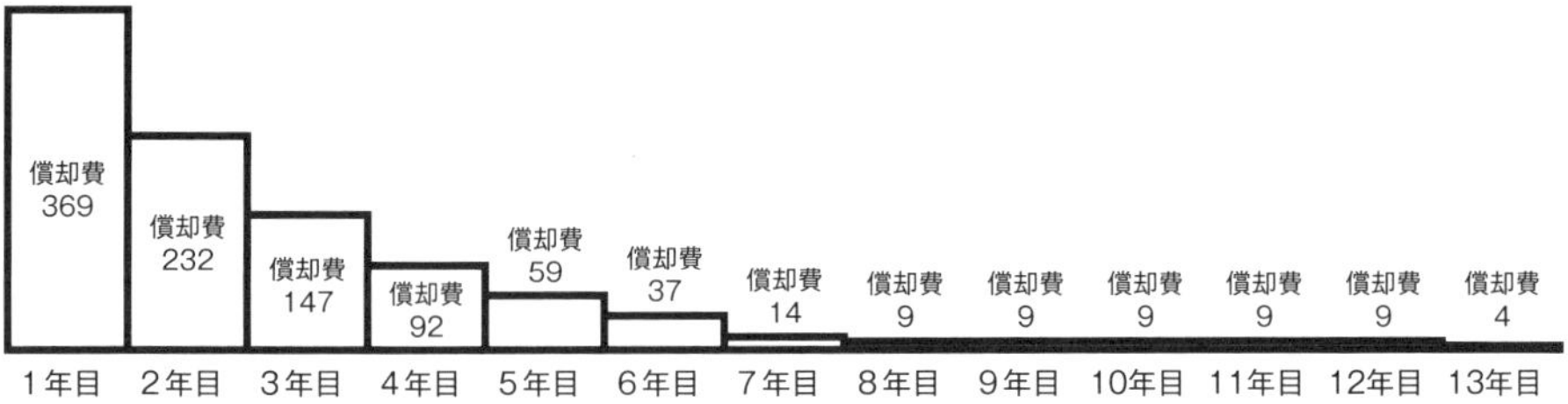

１年目償却費：369（1,000×0.369＝369）
２年目償却費：232（631×0.369＝232）
３年目償却費：147（399×0.369＝147）
４年目償却費：92（252×0.369＝92）
５年目償却費：59（160×0.369＝59）
６年目償却費：37（101×0.369＝37）
７年目償却費：14（64（期首帳簿価額）−1,000（取得原価）×５％＝14<64×0.369＝23）
８年目～ 12年目償却費：９（(50（期首帳簿価額）−１)÷５＝９）
13年目償却費：４（5（期首帳簿価額）−１＝４＜(50−１)÷５＝９）

30 定率法と償却率の考え方

同じ耐用年数でも取得時期で取扱いが異なる

●定率法

左記の算式により減価償却費を計算します。

未償却残高×定率法の償却率

ただし、この算式で算出された金額（「調整前償却額」といいます）が、償却保証額※1に満たなくなった年分以後は、左記の算式により減価償却費を計算します。

改定取得価額※2×改定償却率

※1　償却保証額とは、資産の取得原価に、その資産の耐用年数に応じた保証率を乗じて計算した金額をいいます。

※2　改定取得価額とは、調整前償却額が初めて償却保証額に満たなくなる年度の期首未償却残高をいいます。

●償却率等

税務上の償却率、改定償却率、保証率は、取得した時期と耐用年数により、「減価償却資産の耐用年数に関する省令」で定められているため、それぞれの資産に応じた率を省令で定められている償却率表等で確認することとなります。

なお、会計上の耐用年数や残存価額は、各企業が独自の状況を考慮して自主的に決定すべきものとされているため、原則的には資産を取得する際に、適切な耐用年数及び残存価額を見積もることとなります。

しかしながら、多くの企業が法人税法に定められた耐用年数を用い、残存価額においても法人税法の規定に従っている現状をふまえ、法人税法に規定する減価償却費を正規の減価償却費として処理する場合においては、不合理と認められる事情のない限り、会計上も妥当なものとして扱うものとされています。

定率法と償却率

【例１】平成19年５月に取得した耐用年数15年の器具及び備品（定率法）の償却率・改定償却率・保証率

「減価償却資産の耐用年数等に関する省令」別表第９
平成19年４月１日から平成24年３月31日までの間に取得をされた減価償却資産の定率法の償却率，改定償却率及び保証率の表（抜粋）

耐用年数	償却率	改定償却率	保証率
年 2	1	—	—
3	0.833	1	0.02789
4	0.625	1	0.05274
5	0.5	1	0.06249
6	0.417	0.5	0.05776
7	0.357	0.5	0.05496
12	0.208	0.25	0.0387
13	0.192	0.2	0.03633
14	0.179	0.2	0.03389
15	0.167	0.2	0.03217

←耐用年数15年の率を適用

【例２】平成24年６月に取得した耐用年数15年の器具及び備品（定率法）の償却率・改定償却率・保証率

「減価償却資産の耐用年数等に関する省令」別表第10
平成24年４月１日以後に取得をされた減価償却資産の定率法の償却率，改定償却率及び保証率の表（抜粋）

耐用年数	償却率	改定償却率	保証率
年 2	1	—	—
3	0.667	1	0.11089
4	0.5	1	0.12499
5	0.4	0.5	0.108
6	0.333	0.334	0.09911
7	0.286	0.334	0.0868
12	0.167	0.2	0.05566
13	0.154	0.167	0.0518
14	0.143	0.167	0.04854
15	0.133	0.143	0.04565

←耐用年数15年の率を適用

同じ耐用年数でも取得時期により，使用する率が異なる！

31 定率法と3種類の償却率

「旧定率法」「250%定率法」「200%定率法」のどれを用いる？

●税務上の償却率は取得時期により3種類に分類

「定率法」は、平成23年12月の税制改正により、償却率の引下げがされたことから、資産の取得時期によって、異なる償却率を使用することとなりました。

そのため、「定率法」は、使用する償却率により、「250%定率法」と、「200%定率法」の2つに分類されます。

「250%定率法」は、定額法の償却率を2・5倍した償却率を使用する計算方法となり、平成19年4月1日から平成24年3月31日までに取得した資産に対して適用されます。

「200%定率法」は、定額法の平成24年4月1日以後に取得をされた減価償却資産に適用されます。

なお、「保証率」および「改定償却率」についても、平成23年12月の税制改正により見直しがされているため、「250%定率法」と「200%定率法」では、異なる率を使用することとなります。

平成19年3月31日以前に取得した資産に適用される「旧定率法」もあわせると、税務上、定率法に適用される償却率は「旧定率法」「250%定率法」「200%定率法」の3種類ということになります。

●会計上の取扱い

税務上の減価償却計算に係る規定は、損金算入できる金額の限度額を計算することを目的としたものであるため、会計上は法人税法に基づく減価償却計算が強制されるものではありません。そのため、税制改正後であっても、会計上は、税務の規定にかかわらず、従来の計算方法を引き続き採用することも容認されています。

税務上の償却率

【取得原価1,000，耐用年数５年（償却率0.4，改定償却率0.5，保証率0.108）の資産を期首に取得し，200%定率法で償却した場合】

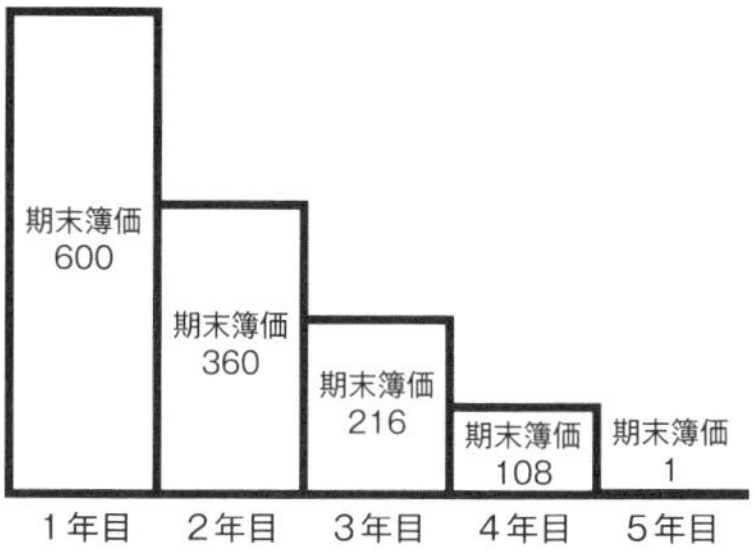

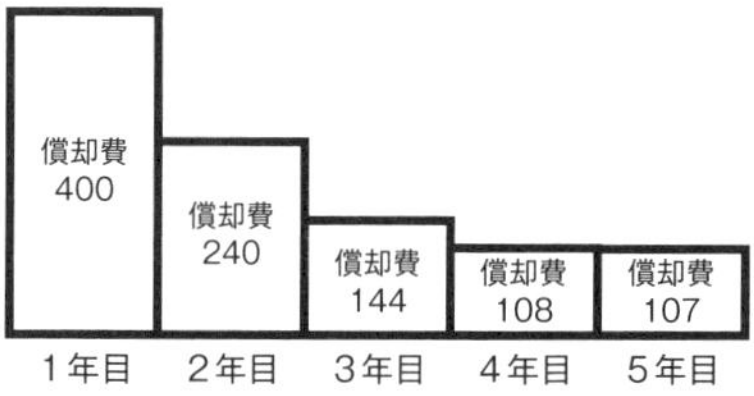

１年目償却費：400（1,000×0.4＝400）
２年目償却費：240（600×0.4＝240）
３年目償却費：144（360×0.4＝144）
４年目償却費：108（216×0.5＝108）
※調整前償却額（216×0.4＝86）が償却保証額（1,000×0.108＝108）に満たないため，改定取得原価に改定償却率を乗じて計算します。
５年目償却費：107（108（期首帳簿価額）－１＝107<216×0.5＝108）

【取得原価1,000，耐用年数５年（償却率0.5，改定償却率1.0，保証率0.06249）の資産を期首に取得し，250%定率法で償却した場合】

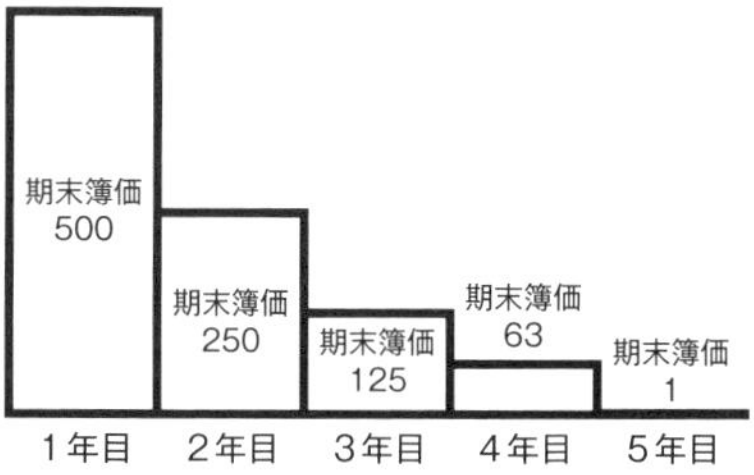

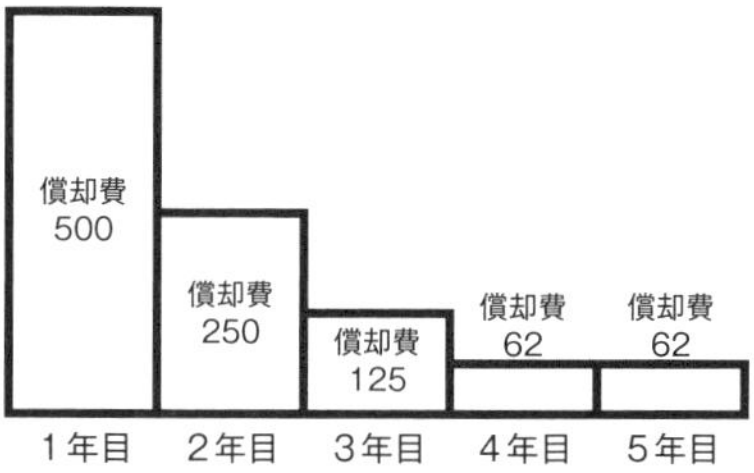

１年目償却費：500（1,000×0.5＝500）
２年目償却費：250（500×0.5＝250）
３年目償却費：125（250×0.5＝125）
４年目償却費：62（125×0.5＝62）
５年目償却費：62（63（期首帳簿価額）－１＝62<63×1.0＝63）
※調整前償却額（63×0.5＝31）が償却保証額（1,000×0.06249＝62）に満たないため，改定取得原価に改定償却率を乗じて計算します。

32 級数法とは？

規則正しく減価償却費が減少する償却方法

●算術級数的に逓減する方法

級数法は、企業会計原則注解において「固定資産の耐用期間中、毎期一定の額を算術級数的に逓減した減価償却費を計上する方法」とされています。「算術級数的に逓減」という難しい表現が使われていますが、簡単にいうと、減価償却費の額が1年ごとに一定額ずつ減少していく計算方法が級数法です。

毎期、償却額が減少するという点では、定率法と似ているといえますが、定率法は減価償却費の減少幅が徐々に小さくなっていくのに対して、級数法は一定額ずつ小さくなっていくという点に違いがあります。

●級数法による計算

級数法は、耐用年数5年の資産であれば、減価償却費が、1年目から5→4→3→2→1と規則正しく減少していく方法です。

具体的には、取得原価150,000円で、耐用年数が5年だとすると、1から耐用年数までの期間の総個数（1＋2＋3＋4＋5＝15）を求め、取得原価を総個数で割ったものを、1年目は5個、2年目は4個、3年目は3個、4年目は2個、5年目は1個といったかたちで、償却していくような計算となります。

1年目：$150,000\times\frac{5}{15}=50,000$

2年目：$150,000\times\frac{4}{15}=40,000$

3年目：$150,000\times\frac{3}{15}=30,000$

4年目：$150,000\times\frac{2}{15}=20,000$

5年目：$150,000\times\frac{1}{15}=10,000$

級数法は、税務上は認められていない償却方法ですので、級数法を適用して減価償却費を計算する場面は少ないと思われますが、会計上の償却方法を級数法とした場合には、税金計算上、調整が必要となります。

級数法による償却方法

【取得原価150,000，耐用年数５年の資産を級数法で償却した場合】

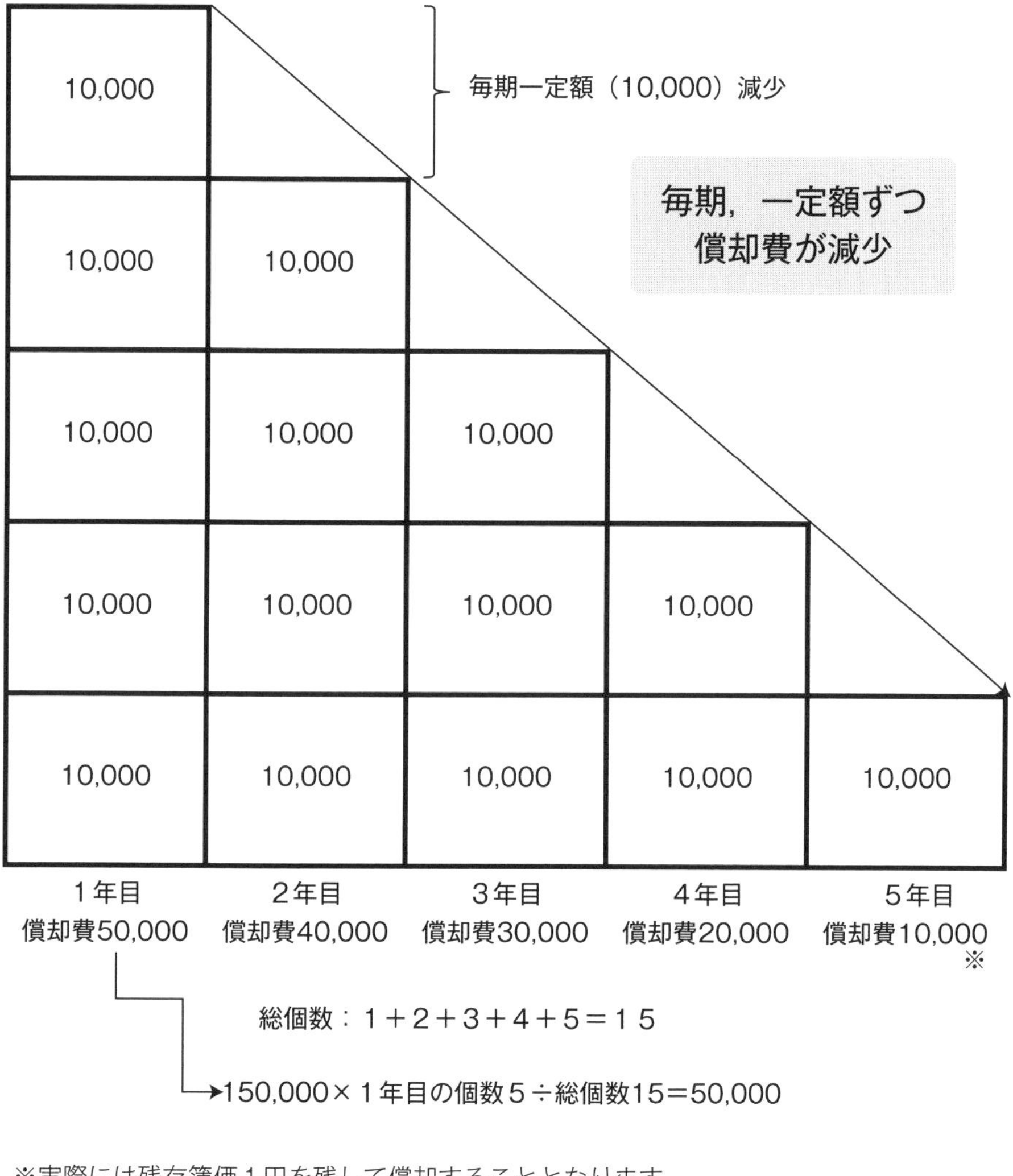

※実際には残存簿価１円を残して償却することとなります。

33 生産高比例法とは？

利用量に応じた減価償却費が計算される償却方法

●固定資産の利用度合いによって償却額が変わる

生産高比例法は、「固定資産の耐用期間中、毎期当該資産による生産又は用役の提供の度合に比例した減価償却費を計上する方法」です。

具体的には、その資産をどれだけ使えるのか、総使用量や総生産量を見積もって、その総使用量等のうちに、当期の使用量や生産量の占める割合を乗じることにより、減価償却費を計算します（左記算式参照）。

取得原価[注]×当期の使用（生産）量÷総使用（生産）可能量

（注　平成19年3月31日以前に取得した資産の場合は、残存価額を控除）

他の償却方法が時の経過により減価していくのに対して、生産高比例法は、使用状況に応じて減価していく方法となり、総利用可能量が物理的に確定しやすい航空機、自動車、鉱業用設備などの計算に使用されます。また、使用量等に基づく計算のため、期中に取得・供用した場合でも、月数按分は必要ありません。

●税務上の取扱い

生産高比例法による計算は、税務上も認められていますが、税法で適用が認められている資産は、鉱業用減価償却資産と鉱業権に限定され、その算式も左記のとおり、採掘数量を基準とした計算とされています。

鉱業用減価償却資産の取得原価[※1]÷その資産の耐用年数[※2]期間内におけるその資産の属する鉱区の採掘予定数量×当期のその鉱区の採掘数量

※1　平成19年3月31日以前に取得した資産の場合は、残存価額を控除

※2　資産の属する鉱区の採掘予定年数がその資産の耐用年数より短い場合には、その採掘予定年数

生産高比例法による償却方法

【取得原価1,500,000，総利用予定距離12万Kmの車両を生産高比例法で償却】

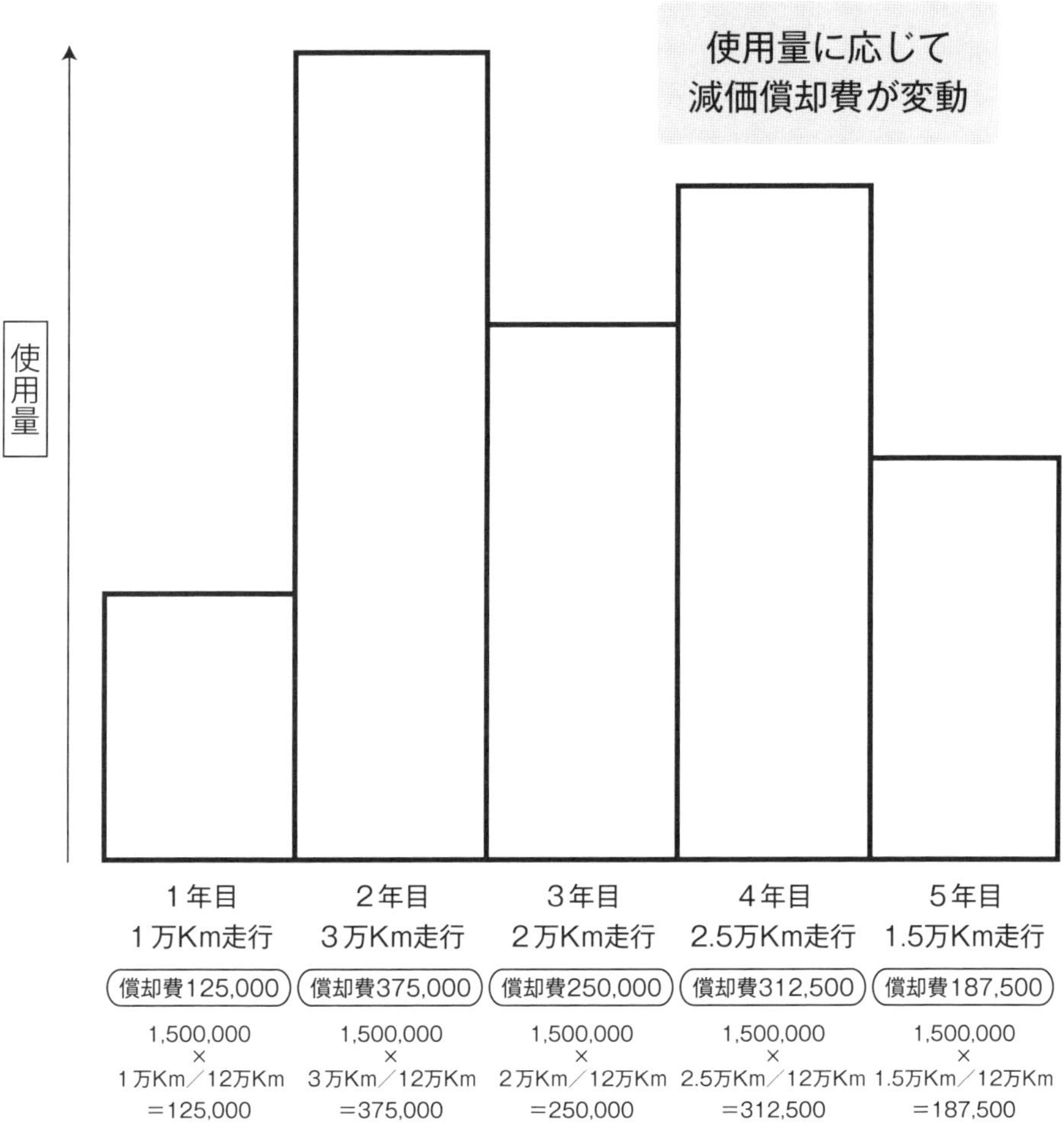

34 取替法とは?

取替資産に適用される減価償却の代用法

●取替法

取替法とは、取替資産に対して適用される費用化の方法で、取替資産の部分的取替えにかかる費用を収益的支出として処理する方法です。収益的支出は有形固定資産に関する支出のうち取得原価には算入されず支出時の費用とされるものです。

取替法は取得原価を耐用期間にわたり配分する減価償却方法とは異なりますが、減価償却の代用法として認められています。

●取替資産

取替資産とは、鉄道のレールや枕木、電力会社の電柱や送電線のように同種の物品が多数集まって1つの全体を構成し、老朽品の部分的取替えを繰り返すことによって全体が維持されるような固定資産です。

●特　徴

取替法は当初に取得した取替資産を固定資産に計上し、その後取替資産の一部を新たな資産と取り替えた場合には、その取替えにかかった費用を支出のつど、費用として計上する方法です。これは同種の資産が多量にあるなど、減価償却の適用が困難なものについて認められています。

この方法によると実際の取替時に取替費用が費用として計上されるため、物価変動時には、その時々の収益と費用の対応を図ることができます。

一方で長期間取替えが行われなかった場合には費用が計上されないこと、また一時に取替えが集中した場合には多額の費用が計上されてしまうことから、適正な期間損益計算の観点からは合理的でない側面があります。

取替法による償却方法

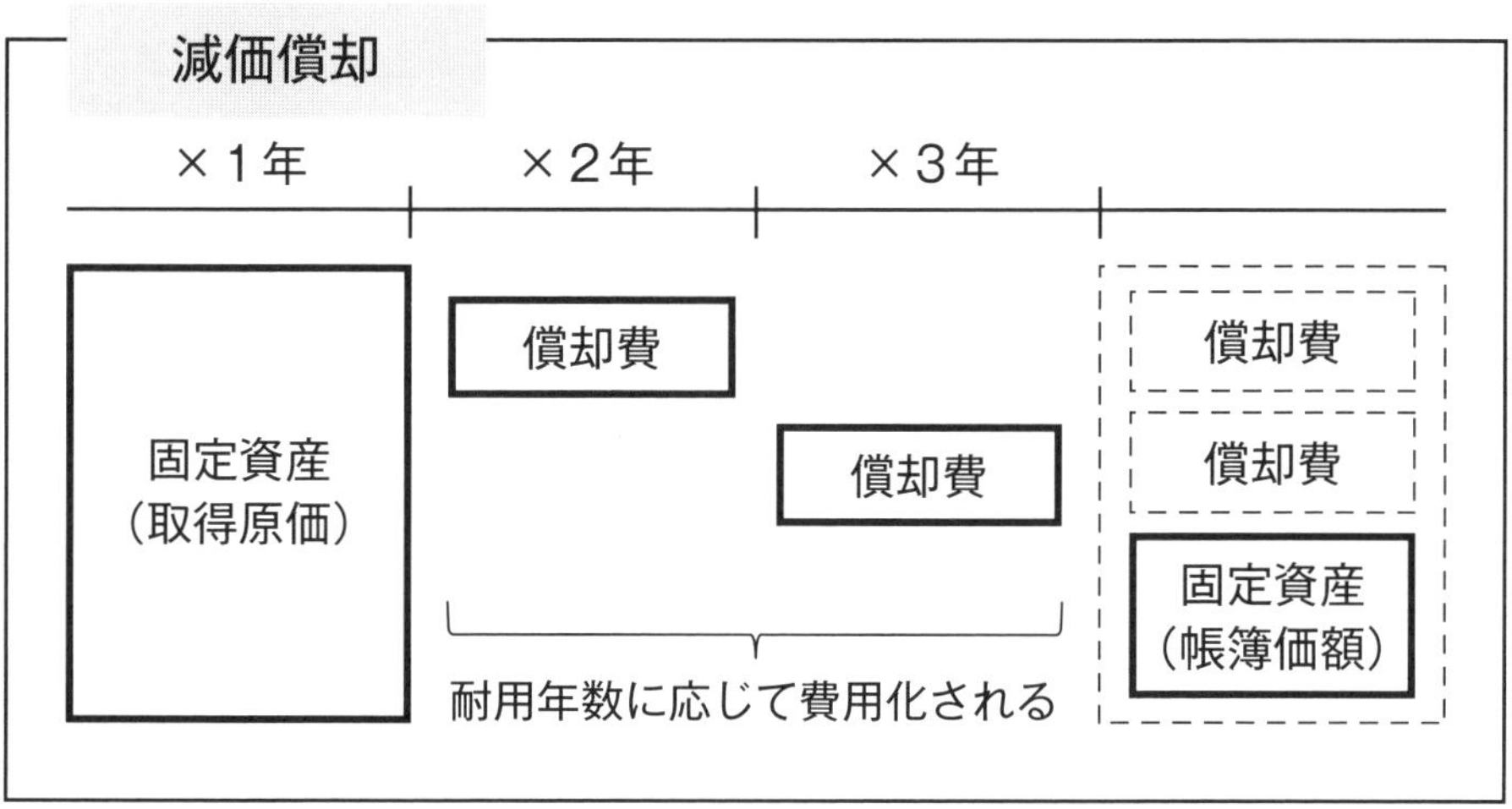
減価償却
×1年
×2年
×3年
固定資産
（取得原価）
償却費
償却費
償却費
償却費
固定資産
（帳簿価額）
耐用年数に応じて費用化される

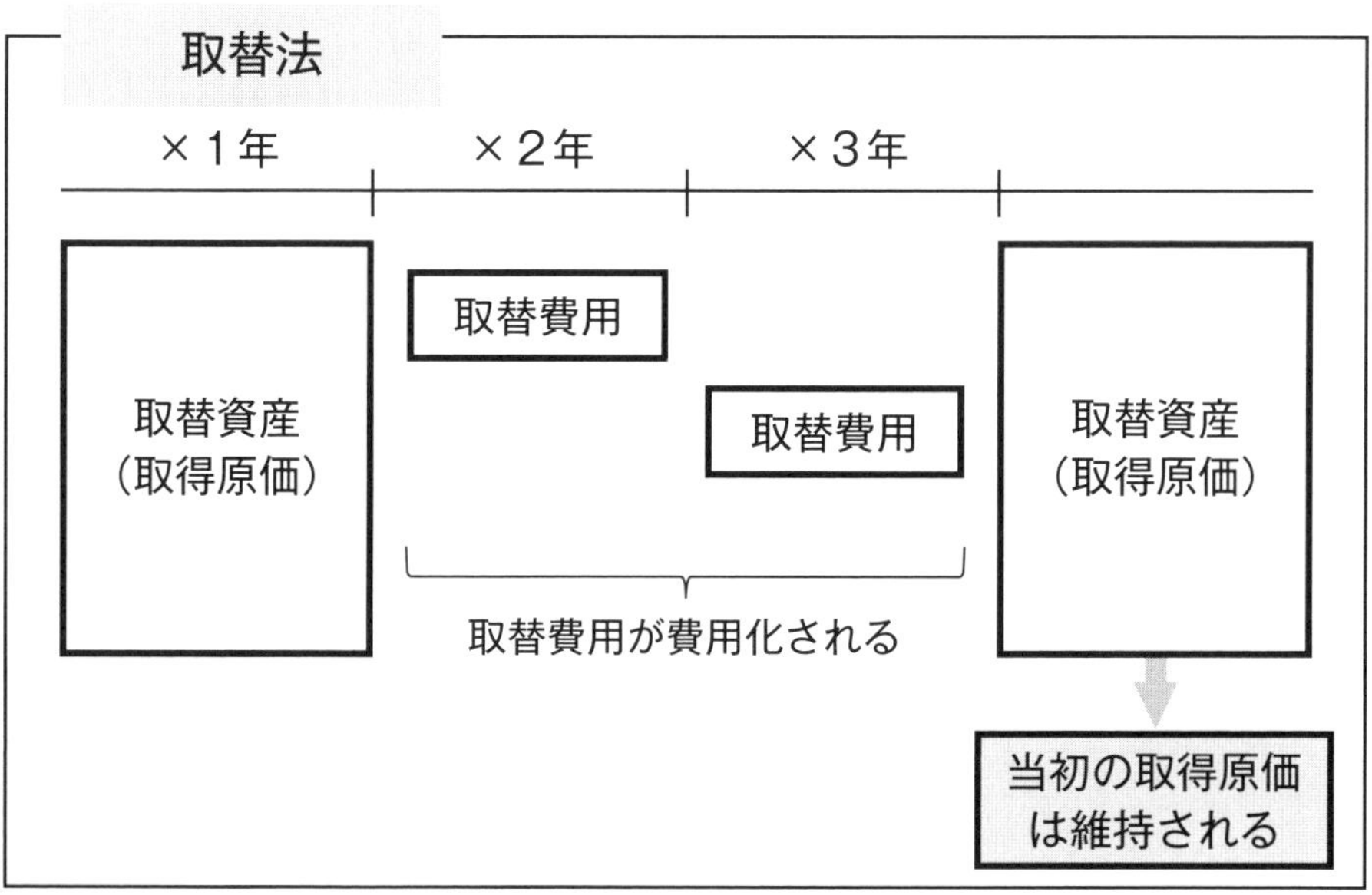
取替法
×1年
×2年
×3年
取替資産
（取得原価）
取替費用
取替費用
取替資産
（取得原価）
取替費用が費用化される
当初の取得原価
は維持される

35 減耗償却とは？

天然資源に適用される費用化の方法

●**減耗償却**

減耗償却とは、減耗性資産に適用される償却方法でその物量的な費消に着目して、その資産の取得原価を重量や数量の減少に応じて費用配分する方法です。

一般的に固定資産の償却といえば「減価償却」が挙げられますが、減耗償却についても有形固定資産を費用化する1つの方法となります。

●**減耗性資産**

減耗性資産とは、山林・鉱山・油田のように採取されるにつれて減耗し枯渇する天然資源を表す資産です。有形固定資産は償却資産・非償却資産・減耗性資産に分類されますが、減耗償却はこの減耗性資産に対して適用されます。

●**特　徴**

減耗性資産は減価償却資産のように、全体としての用益をもって生産に役立つものではなく、採取される量に応じてその実体が部分的に製品化されるものとなります。

たとえば、林業における山林であれば、伐採などによって採取された数量に応じて取得原価を費用配分し、材料や製品に振り替えることにより、最終的には売上原価として計上されることとなります。

このように減耗償却は資産の物量的な費消に着目して取得原価を費用配分する方法となりますので、減価償却のような資産価値の費消に着目して取得原価を費用配分する方法とは異なるものの、手続きとしては生産高比例法と同様となります。

減価償却と減耗償却の比較

	減価償却	減耗償却
対象資産	償却資産	減耗性資産
費用化の着目	資産価値の費消	物量的な費消
費用配分の方法	期間に応じて費用化	製品化されることにより費用化

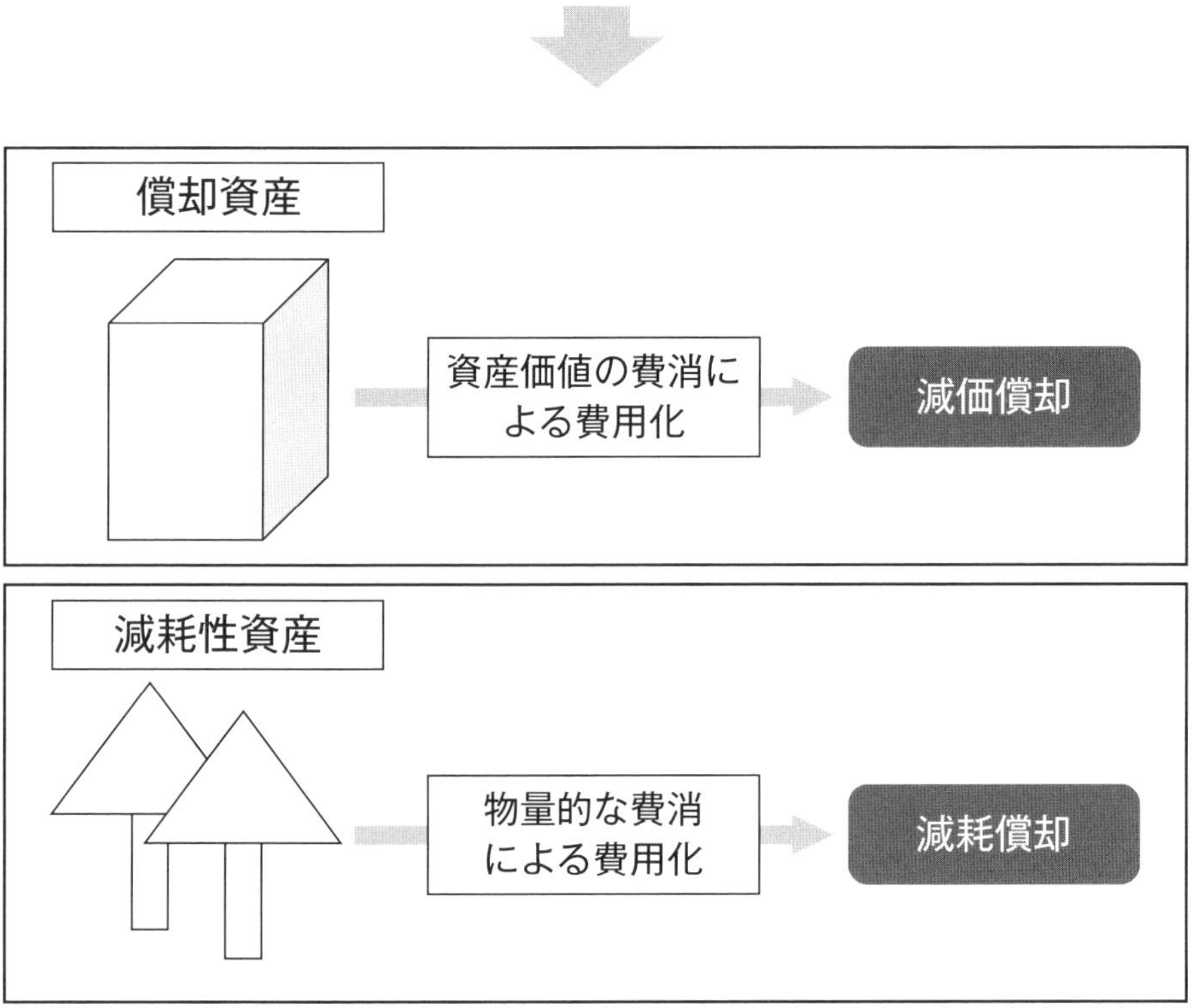

36 個別償却と総合償却

複数の資産をグループ化することで償却計算が容易になる

●個別償却

個別償却とは、原則として個々の資産ごとにその構造・用途、細目により耐用年数を定めて、個別に減価償却計算および記帳を行う方法です。

個別償却では、耐用年数の到来する以前に資産が除却されるときは、その資産の未償却残高は除却損として処理されます。これに対して、資産が耐用年数を超えて使用される場合には、耐用年数の到来時に既に未償却残高がなくなっていることから、それ以後の使用に対して減価償却費は計上されません。

個別償却の場合には個別の資産ごとに償却計算を行うことから、正確な計算を行うことが可能となります。

●総合償却

総合償却とは、複数の資産をグループ単位でまとめたうえで、グループごとに耐用年数を定めて、一括して減価償却計算および記帳を行う方法です。

この方法には、①耐用年数の異なる多数の異種資産について平均耐用年数を用いて一括的に償却計算を行う方法、②耐用年数の等しい同種資産または、耐用年数は異なるが、性質・用途において共通性を有する数種の資産を1つのグループとし、各グループごとに平均耐用年数を用いて一括的に償却計算を行う方法があります。主に工場の生産ラインで使用される機械装置や設備のように一体となって機能する資産に対して適用され、個別に耐用年数を適用する必要がある個別償却に比べ計算は容易になります。

ただし、個別償却と異なり、総合償却では個々の資産の未償却残高は明らかではないので、償却途中で除却される資産があったとしても、除却損の計上はされないこととなります。

総合償却による平均耐用年数の算出方法

平均耐用年数＝取得原価の合計÷年償却額の合計

ケース

下記のグループ資産に対する平均耐用年数の算出

単位（円）

資産	取得原価	耐用年数	年償却額
機械装置A	600,000	6年	100,000
機械装置B	1,000,000	8年	125,000
機械装置C	2,000,000	10年	200,000
合　計	3,600,000		425,000

取得原価の合計（3,600,000）÷年償却額の合計（425,000）により8.47…と算出されるため，小数点以下切捨てにより平均耐用年数は８年となります。

コラム

遊休資産は，会計と税務でギャップが生じる

遊休資産とは，企業が事業で使用する目的で購入した固定資産のうち，稼働ができていない固定資産のことをいいます。需要を見越して購入したにもかかわらず，思うように売上を伸ばすことができず，生産停止に追い込まれた工場の生産ラインの固定資産などは，その典型です。

将来にわたって全く使用する見込みがないということで，廃棄をしてしまえば，会計上，廃棄損を計上して，税務上も同様の処理になるので，会計と税務との間で処理に違いは生じません。

ただし，廃棄するに至らず将来再稼働することを期待して，遊休資産として保有し続けているケースも多いと思います。このような場合は，会計処理と税務処理とでギャップが生じることになるので，注意が必要です。

まず，会計の側面で考えると遊休資産が減損対象になる可能性があります。減損対象になると，まずは減損損失が発生します。減損後にまだ会計上簿価があるようであれば，さらに減価償却をすることになります。ここで計上される減価償却費は，原則として営業外費用に計上します。会計上，減損損失を計上したり，減価償却を計上し続けるのは，遊休資産として使用はされていないとしても，時の経過に伴って，価値が下落しているからです。

次に，税務処理について考えましょう。税務上は，原則として遊休資産の減価償却の損金算入は認められていません。これは，税務上は事業の用に供していないものの損金算入を認めていないからです。ただし，遊休資産であっても，いつでも稼働できるように休止期間中に必要な維持補修が行われている場合は，通常の減価償却資産と同様に償却費の損金算入が認められています。このように遊休資産のうち，減価償却の損金算入が認められる資産のことを，税務上は「稼働休止資産」といいます。遊休資産が，稼働休止資産に該当するかどうかで取扱いが異なってきますので，該当するかどうかの判別が重要になってきます。

実務上，会計と税務とで処理が異なる場合は，要注意です。会計で計上した償却が，税務上損金算入を認められない場合は，申告調整をする必要があるからです。税務上損金算入されない分を加算調整するのを忘れてしまったら税金の払い漏れとなってしまいますので，注意しましょう。

第5章

減価償却の開始・終了・変更と表示

37 固定資産の取得と事業供用

減価償却費は事業の用に供した日から計上する

●**固定資産の取得日**

固定資産の取得日は、引渡しを受けた日です。引渡し時に検収した場合には、検収日が引渡しを受けた日と考えます。固定資産は取得した日、つまり引渡しを受けた日に計上することになります。

●**固定資産の事業供用日**

事業供用日とは、事業で使い始めた日です。減価償却費は事業供用日から計上しますので、事業供用日を確認することが必要となります。

「事業供用日」は、減価償却資産のもつ属性に従って本来の目的のために使用を開始した日を指します。

たとえば、製品製造用の機械を購入した場合、一般的に購入後すぐに製品の製造を開始できるわけではありません。機械購入後、据え付けを行い、一定期間の試運転を経て、初めて製品の製造を開始することができます。この場合に「事業供用日」は、機械が工場に搬入された日ではなく、試運転後、製品の製造を開始した日を指すことになります。

そのため、決算日直前に機械を購入し、工場に搬入されたものの、決算日までに製品の製造が開始されない場合には、この機械は決算日時点では事業の用に供していないため、この決算では減価償却費が計上されないことになります。

取得から事業供用までの流れ

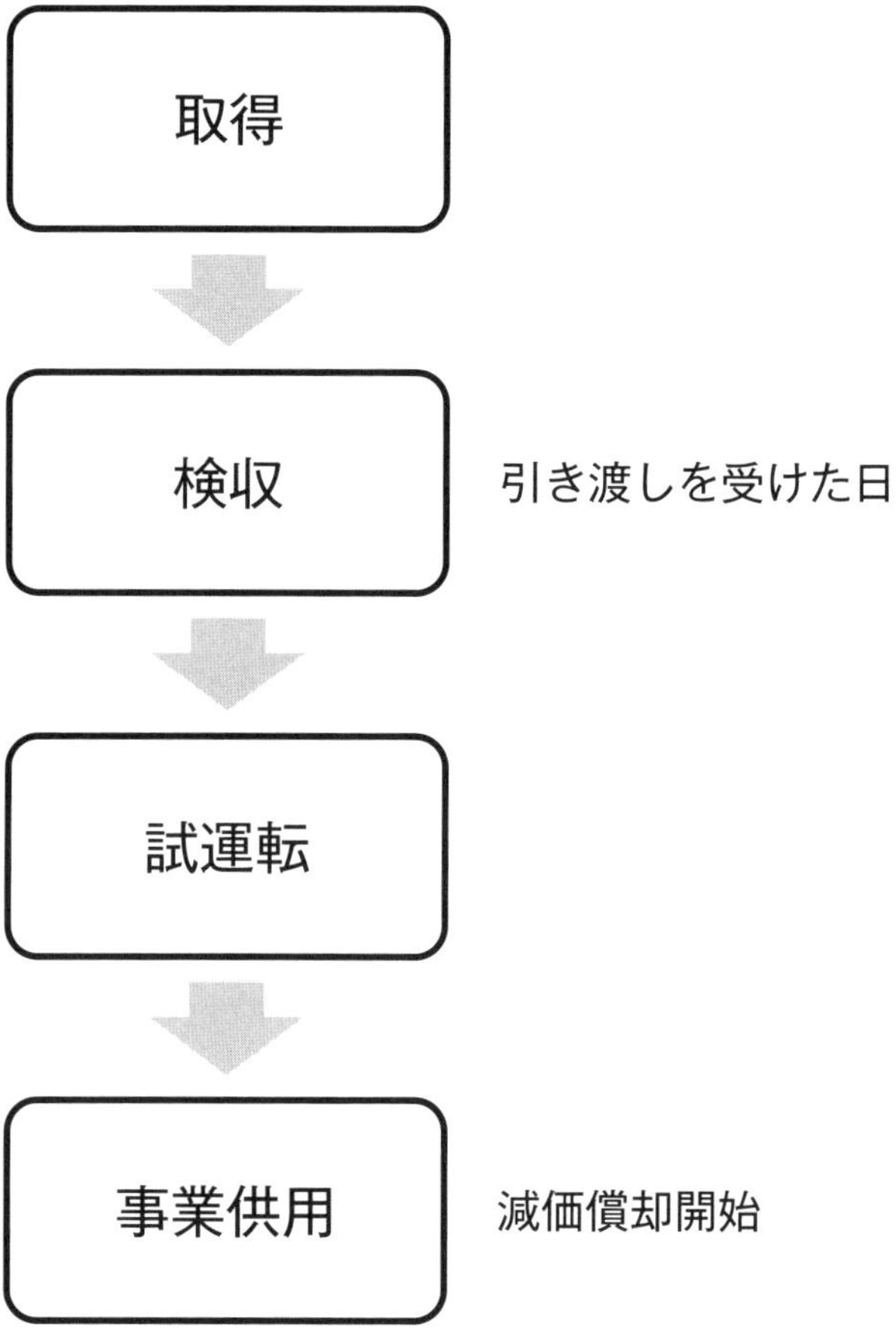

38 固定資産の除却

不要な固定資産を捨てる場合は除却損が発生する

●固定資産の除却とは

保有している建物・自動車・備品などの固定資産について、壊れてしまったり、何らかの理由により使用しなくなってしまうことがあります。このような場合に、固定資産を廃棄したり取り壊すことを除却といいます。

●固定資産を除却した時の仕訳

固定資産を除却した場合には、期首から除却日までの減価償却費を月割で算出します。そして、除却日における固定資産の帳簿価額（月割で算出した減価償却費を加味します）を「固定資産除却損」勘定に振り替えます（**取引①**）。

実務上は、除却した固定資産については、除却した期の減価償却費を計上しないこともあります。減価償却費を計上しないと、その分、「固定資産除却損」勘定が増加します。

固定資産を破棄したり取り崩した場合に、処分費用が発生することがあります。その処分費用は「固定資産除却損」勘定に振り替えます（**取引②**）。

また、固定資産を破棄したり取り崩した際に生じた廃材や鉄屑が、売却できる場合があります。この売却金額は「固定資産除却損」勘定からマイナスします（**取引③**）。

●有姿除却

固定資産を廃棄したり取り壊さない状態で除却処理を行うことを、有姿除却といいます。

次に掲げるものは、有姿除却を適用できます。

・その使用を廃止し、今後通常の方法により事業の用に供する可能性がないと認められる固定資産

・特定の製品の生産のために専用されていた金型等で、当該製品の生産を中止したことにより将来使用される可能性のほとんどないことがその後の状況等からみて明らかなもの

固定資産を除却した時の仕訳

[前提条件]
取得原価500万円，期首減価償却累計額400万円の建物を除却しました。当期の減価償却費は20万円です。

※消費税は加味していません。

【取引①】除却に際して，現金の収入や支出がなかった場合

減価償却累計額	400万円	建物	500万円
減価償却費	20万円		
固定資産除却損	80万円		

【取引②】取壊し費用が50万円発生した場合

減価償却累計額	400万円	建物	500万円
減価償却費	20万円	現金	50万円
固定資産除却損	130万円		

【取引③】廃材の売却収入が50万円発生した場合

減価償却累計額	400万円	建物	500万円
減価償却費	20万円		
現金	50万円		
固定資産除却損	30万円		

39

固定資産の売却

他人に固定資産を有償で譲る場合は売却損益が発生する

●固定資産の売却とは

保有している建物・自動車・備品などの固定資産について、最新のものに買い替えることがあります。この際、保有している固定資産を第三者に有償で譲ることを固定資産の売却といいます。

●固定資産を売却した時の仕訳

固定資産を売却した場合には、期首から売却日までの減価償却費を月割で算出します。そして、売却日における固定資産の帳簿価額（月割で算出した減価償却費を加味します）と売却金額との差額を「固定資産売却益」勘定、または、「固定資産売却損」勘定に振り替えます。

実務上は、売却した固定資産については、売却した期の減価償却費を計上しないこともあります。減価償却費を計上しないと、その分、「固定資産売却益」勘定が減少、または、「固定資産売却損」勘定が増加します。

売却日における固定資産の帳簿価額が売却金額より小さい場合、その差額を「固定資産売却益」勘定に振り替えます（**取引①**）。

売却日における固定資産の帳簿価額が売却金額より大きい場合、その差額を「固定資産売却損」勘定に振り替えます（**取引②**）。

固定資産を売却した時の仕訳

[前提条件]

取得原価500万円，期首減価償却累計額350万円の自動車を売却しました。当期の減価償却費は70万円です。

※帳簿価額＝500万円－350万円－70万円＝80万円

※消費税は加味していません。

【取引①】売却金額が100万円の場合（売却金額＞帳簿価額）

減価償却累計額	350万円	車輌運搬具	500万円
減価償却費	70万円	固定資産売却益	20万円
現金	100万円		

【取引②】売却金額が50万円の場合（売却金額＜帳簿価額）

減価償却累計額	350万円	車輌運搬具	500万円
減価償却費	70万円		
現金	50万円		
固定資産売却損	30万円		

40

自発的な理由による減価償却方法の変更

継続性の原則に注意しながら検討を行う

いったん採用した減価償却方法は、継続性の原則に基づき毎期継続して適用する必要があります。しかし、当初採用した減価償却方法が企業の実態に合わなくなった場合や制度改正があった場合等、正当な理由があると認められる場合には、減価償却方法を変更することができます。

●自発的な理由による減価償却方法の変更

近年では、IFRS（国際財務報告基準）の採用を見据えて減価償却方法を定率法から定額法に変更する動きが見受けられます。ここで注意したい点として、単にIFRSを採用するということだけで安易に減価償却方法を変更することはできないということが挙げられます。減価償却という会計処理自体は、日本基準とIFRSの両方で行われています。従来から企業の営業活動を財務諸表に適切に表す減価償却方法を採用しているのであれば、あえて減価償却方法を変更する必要はないと考えることもできます。

しかし、IFRSの採用を機に改めて減価償却方法を検討した結果、現在の減価償却方法が企業の営業活動を財務諸表に適切に反映できておらず、実態とかい離していることが明らかとなった場合には、企業の営業活動を財務諸表に適切に反映するため、減価償却方法を変更することも考えられます。このような場合には、正当な理由による減価償却方法の変更として認められる可能性があります。

このように自発的な理由により減価償却方法を変更することには大きなハードルがありますので、固定資産の購入当初の減価償却方法の決定は慎重に行うことが求められます。

将来的にIFRSの採用が見込まれる場合

IFRSでは定額法が一般的なので，わが社も定額法に変更しよう
安易に決断するのではなく改めて検討を行う。
改めて検討したところ，定率法では実態に合わないようです。
ではIFRS採用のタイミングで実態に合わせて変更しよう。

41 税法改正に伴う減価償却方法の変更

法人税法の改正が正当な理由に該当するか

本来、固定資産の減価償却方法は各企業が独自の状況を考慮のうえ決定すべきものと考えられます。しかし、実際には多くの企業が法人税法で定められた減価償却方法を採用しています。法人税法の改正により減価償却方法が変更された場合、この改正により減価償却方法を変更することが正当な理由による変更に該当するか否かを検討する必要があります。

●正当な理由に該当する場合

企業で所有するすべての固定資産の減価償却方法について法人税法で定められた方法を採用している場合には、法人税法の改正による減価償却方法の変更は過年度遡及会計基準における「会計基準等の改正に伴う会計方針の変更」に該当し、正当な理由による減価償却方法の変更として認められます。

●正当な理由に該当しない場合

業法上の定めや企業独自の状況を勘案し、法人税法で定められた減価償却方法以外の減価償却方法を採用している場合に、法人税法の改正を機に、法人税法で定められた減価償却方法を採用することは、正当な理由による減価償却方法の変更には該当しません。この場合には自発的な理由による減価償却方法の変更に該当しますので、減価償却方法の変更に関して法人税法の改正以外の合理的な理由が必要となります。また、法人税法の改正のタイミングで減価償却方法を変更することに関して適時性という観点でも合理的な理由が必要となります。

平成28年度税制改正における建物附属設備及び構築物の減価償却方法の変更の具体例

従来の方法	今後採用する方法	
	200%定率法	定額法
200%定率法	(A) 減価償却方法の変更なし	(B) 会計基準等の改正に伴う減価償却方法の変更
定額法	(C) 自発的な理由による減価償却方法の変更	(D) 減価償却方法の変更なし

42 減価償却方法の変更における税務の留意点

所轄税務署長の承認を受ける必要がある

●減価償却資産の償却方法の変更手続

法人税法では、一度採用した減価償却資産の償却方法をみだりに変更することは認められず、税務署長の承認を受けた場合に限って償却方法を変更することができます。

減価償却資産の償却方法を変更しようとするときは、原則として、新たな償却方法を採用しようとする事業年度開始の日の前日までに償却方法を変更しようとする理由などを記載した「減価償却資産の償却方法の変更承認申請書」を所轄税務署長に提出して、所轄税務署長の承認を受けなければなりません。

なお、償却方法の変更申請は、その法人が現在の償却の方法を採用してから相当期間※を経過していないとき、または変更しようとする償却の方法を採用することにより各事業年度の所得の金額の計算が適正に行われ難いと認められるときは、承認されません。

※その法人が現在の償却の方法を採用してから3年を経過していない場合は、その変更が合併や分割に伴うものである等特別な理由があるときを除き、相当の期間を経過していないときに該当します。

●償却限度額の計算

① 定額法を定率法に変更した場合

その変更した事業年度開始の日における帳簿価額を基礎とし、当該減価償却資産について定められている当初の耐用年数に応ずる定率法の償却率により計算します。

② 定率法を定額法に変更した場合

その変更した事業年度開始の日における帳簿価額を取得原価とみなし、その定められている耐用年数から償却方法に応じた経過年数を控除した年数に応ずる、定額法の償却率により計算します。

定額法　⇒　定率法

変更時の取得価額	変更時の耐用年数
期首帳簿価額	定率法の法定耐用年数（当初の耐用年数）

定率法　⇒　定額法

変更時の取得価額	変更時の耐用年数
期首帳簿価額	経過年数を考慮した定額法の法定耐用年数 ※定額法の法定耐用年数でも可

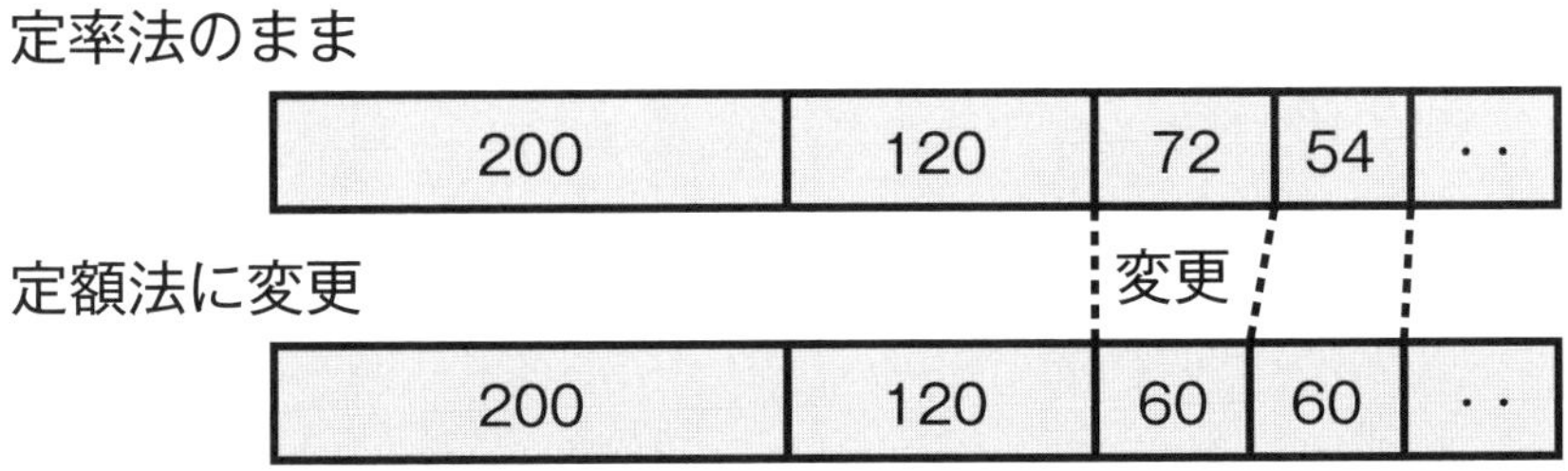

43 耐用年数の変更

合理的な見積りに基づく場合は変更可能

耐用年数も減価償却方法と同様、みだりに変更を行うことはできません。しかし、店舗の移転や資産の除却が決まった場合等、当初設定した耐用年数が合理的ではなくなった場合には耐用年数の変更を行うことができます。

●耐用年数の会計上の取扱い

耐用年数は会計方針ではなく会計上の見積りに該当します。会計上の見積りとは、資産および負債や収益および費用等の額に不確実性がある場合において、財務諸表作成時に入手可能な情報に基づいて、その合理的な金額を算出することをいいます（過年度遡及会計基準4項(2)）。

●耐用年数の変更

過去に定めた耐用年数が、その時点での合理的な見積りに基づいたものであり、変更を行う時点での耐用年数についても現時点での合理的な見積りに基づくものと判断される場合には、会計上の見積りの変更として認められます。しかし、過去に定めた耐用年数が、その時点での合理的な見積りに基づいたものではない場合には、会計上の見積りの変更ではなく、会計上の見積り誤りとして誤謬の訂正に該当することとされています（過年度遡及適用指針12項）。

●耐用年数の変更に関する注記

耐用年数の変更が会計上の見積りの変更に該当する場合には、財務諸表および計算書類に以下の注記を行います。

- 会計上の見積りの変更の内容
- 会計上の見積りの変更の当期への影響額
- 会計上の見積りの変更が翌期以降に影響を及ぼす場合には当該影響額（合理的な見積りが困難な場合にはその旨）

会計上の見積りの変更に該当する耐用年数の変更の記載例

当社で保有する営業用車両Aは，従来，耐用年数を５年として減価償却を行っていましたが，翌期に買換えを決定したことから，耐用年数を４年に見直し，将来にわたり変更を行っております。

この変更により，当事業年度の営業利益，経常利益及び税引前当期純利益はそれぞれxx千円減少しております。

44 耐用年数の変更における税務の留意点

短縮制度が認められるには、3つの要件を満たす必要がある

●耐用年数の短縮制度のあらまし

法定耐用年数は、標準的な資産を対象とし、原則、通常の維持補修を加えながら通常の使用条件で使用した場合の効用持続年数を基礎として定められています。

しかしながら、資産によっては、一定の特別な事由のため法定耐用年数により減価償却限度額の計算をしたのでは実態に合わない結果になる場合もあります。

耐用年数の短縮制度とは、法人の有する減価償却資産について、一定の事由によって、その資産の実際の使用可能期間がその資産の法定耐用年数に比べて著しく短くなる場合に、あらかじめ納税地を所轄する国税局長の承認を受けることにより、その資産の使用可能期間を耐用年数として、早期に償却することができるという制度です。

●耐用年数の短縮制度の要件

耐用年数の短縮制度は、次の3つの要件すべてを満たした場合、認められます。

① 当該資産が、法令で定められた短縮事由（左頁参照）のいずれかの事由に該当すること。

② 当該資産の使用可能期間が法定耐用年数よりおおむね10％以上短くなること。

③ 耐用年数の短縮の承認申請書を納税地の所轄税務署長を経由して所轄国税局長に提出し、所轄国税局長より承認を受けること。

●使用可能期間の計算方法

使用可能期間は、次の年数の合計となります。

① 短縮事由に該当することとなった資産の取得後の経過年数

② 短縮事由に該当することとなった後の見積年数

なお、総合償却資産については、加重平均方式により計算した年数となります。

耐用年数の短縮の申請手続きの流れ

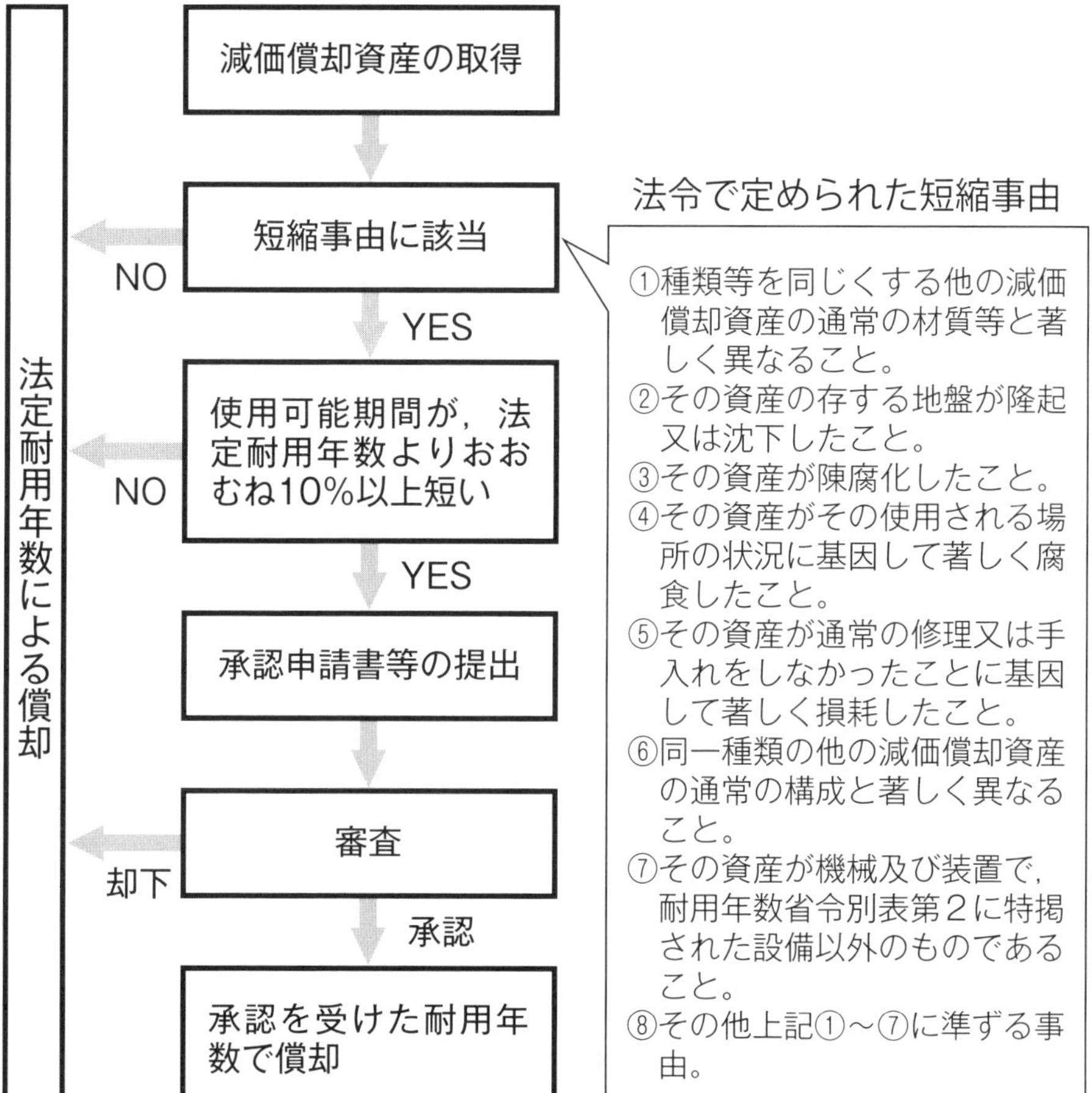

参考文献：国税庁「耐用年数の短縮制度について」

45 減価償却に係る会計方針の記載

財務諸表および計算書類に必要な注記

●会計方針

会計方針とは、財務諸表や計算書類の作成にあたって採用した会計処理の原則および手続きをいいます。1つの取引に対して複数の異なる会計処理が選択可能な場合において、会社ではその中の1つの会計処理を選択し、その方法を毎期継続して適用していくことになります。

会計方針には、主に次のようなものがあります（財務諸表等規則8条の2）。

- ●資産の評価基準及び評価方法
- ●固定資産の減価償却方法
- ●繰延資産の処理方法
- ●外貨建の資産及び負債の本邦通貨への換算基準
- ●引当金の計上基準
- ●収益及び費用の計上基準
- ●ヘッジ会計の方法
- ●キャッシュ・フロー計算書における資金の範囲
- ●その他財務諸表作成のための基本となる重要な事項

●減価償却方法の注記

減価償却は定額法や定率法など複数の方法を採用することができます。会社はその中から会社の状況を表す最も適切な減価償却方法を選択し、毎期継続して適用していきます。

ただし、日本国内においては、会計上も法人税法で規定する減価償却方法および耐用年数を採用することが一般的となっています。法人税法で規定する減価償却方法および耐用年数を採用することで、会計上の減価償却費が法人税法上の減価償却費の損金算入限度額と一致し、法人税申告書において減価償却に係る税務調整を行う必要がなくなることが理由であると考えられます。

減価償却に係る会計方針の記載例

■減価償却資産の減価償却の方法

- 有形固定資産（リース資産を除く）
  主として定率法（ただし，平成10年４月１日以降に取得した建物（附属設備を除く）並びに平成28年４月１日以降に取得した建物附属設備及び構築物は定額法）を採用しております。

- 無形固定資産
  定額法を採用しております。

- リース資産
  所有権移転外ファイナンス・リース取引に係るリース資産
  リース期間を耐用年数とし，残存価額を零とする定額法を採用しております。

■繰延資産の処理方法

- 社債発行費
  社債償還期間にわたり定額法により償却しております。

46

減価償却に係る会計方針の変更の記載

変更を行った正当な理由と影響額を明確に記載

●会計方針の変更

会計方針の変更とは、従来採用していた一般に公正妥当と認められた会計方針から他の一般に公正妥当と認められた会計方針に変更することをいいます。会計方針は毎期継続的に適用する必要がありますが、次のような正当な理由がある場合には、変更が認められています。

① 会計基準等の改正により、特定の会計処理が強制される場合や、従来認められていた会計処理を任意に選択する余地がなくなる場合

② 会計基準等の改正以外の正当な理由がある場合

●会計上の見積りの変更

会計上の見積りの変更とは、新たに入手可能となった情報に基づいて、過去に財務諸表を作成する際に行った会計上の見積りを変更することをいいます。

●減価償却の方法を変更した場合

減価償却方法の変更は「会計方針の変更」に該当しますが、その性質上、過年度遡及会計基準においては「会計方針の変更を会計上の見積りの変更と区別することが困難な場合」に該当するとされています（過年度遡及会計基準20項）。会計方針の変更を会計上の見積りの変更と区別することが困難な場合には、次の内容を注記します。

●会計方針の変更の内容
●会計方針の変更を行った正当な理由
●会計方針の変更が当期に影響を及ぼす場合は当期への影響額

減価償却に係る会計方針の変更の記載例

■減価償却方法の変更

●法人税法の改正に伴う変更の場合

法人税法の改正に伴い，当事業年度より，平成xx年x月x日以降に取得した有形固定資産については，改正後の法人税法に基づく減価償却の方法に変更しております。

この変更により，当事業年度の営業利益，経常利益及び税引前当期純利益はそれぞれxx千円増加しております。

●法人税法の改正ではない，正当な理由による変更の場合

当社は，従来，有形固定資産（リース資産を除く）の減価償却方法について定率法（ただし，建物については定額法）を採用していましたが，XXXの理由により当事業年度より定額法に変更しております。

この変更により，当事業年度の営業利益，経常利益及び税引前当期純利益はそれぞれxx千円増加しております。

47 貸借対照表の表示と表示方法の変更

表示を変更した場合にも注記が必要

●貸借対照表の表示

財務諸表等規則は有形固定資産を次のような区分に従い表示しなければならないと規定しています（財務諸表等規則23条1項）。

- 建物（附属設備を含む）
- 構築物
- 機械及び装置
- 船舶
- 車両及びその他の陸上運搬具
- 工具、器具及び備品
- 土地
- リース資産
- 建設仮勘定
- その他

重要性の乏しい有形固定資産は「その他」とすることはできますが、資産総額の100分の5を超える資産は独立掲記する必要があります。

計算書類の表示について定める会社計算規則にはこのような規定はありませんが、財務諸表等規則に準じた取扱いがなされることが一般的となっています。

●表示方法の変更

表示方法とは、財務諸表の作成にあたって採用した表示の方法をいい、財務諸表の科目分類、科目配列および報告様式が含まれます。重要性が増したことにより「その他」としていた有形固定資産を独立掲記することとした場合や、逆に重要性が乏しくなったことにより独立掲記していた有形固定資産を「その他」に含めて表示することとした場合は、表示方法の変更に該当します。表示方法の変更が生じた場合には、以下の内容を注記します。

- 表示方法の変更の内容
- 表示方法の変更の理由

有形固定資産に係る表示方法の変更の記載例

■従来重要性が乏しく「その他」に含めていた固定資産を，当期より独立掲記する場合

従来,「有形固定資産」の「その他」に含めていた「車両運搬具」は，金額的重要性が増したため，当事業年度より独立掲記しております。

48 減価償却累計額の表示

貸借対照表への表示には3つの方法が認められている

減価償却累計額の貸借対照表への表示には次の3つの方法が認められています。

●科目別間接控除法

科目別間接控除法とは、有形固定資産の科目ごとに、その控除項目として減価償却累計額を記載する方法をいいます。科目別間接控除法では、建物や機械装置といった有形固定資産それぞれに対する減価償却累計額を個別に記載するため、財務諸表・計算書類の利用者にとってわかりやすい方法と考えられます。

●一括間接控除法

一括間接控除法とは、有形固定資産に対する控除項目として減価償却累計額を一括して記載する方法をいいます。一括間接控除法では、有形固定資産全体の減価償却累計額の合計を記載するため、財務諸表・計算書類の利用者は科目ごとの減価償却累計額の金額を把握することはできませんが、貸借対照表上で減価償却累計額の合計を把握することは可能です。

●直接控除法

直接控除法とは、有形固定資産の各科目の減価償却累計額を各固定資産の取得原価から直接控除し、その控除残高を貸借対照表に記載する方法をいいます。直接控除法の場合には、貸借対照表上で減価償却累計額を把握することができないため、注記において減価償却累計額を明示することが求められています（財務諸表等規則26条1項）。

有形固定資産に係る減価償却累計額の貸借対照表への表示方法

■科目別間接控除法

固定資産	xxx
有形固定資産	xxx
建物	xxx
減価償却累計額	△xxx
構築物	xxx
減価償却累計額	△xxx
工具器具備品	xxx
減価償却累計額	△xxx

■一括間接控除法

固定資産	xxx
有形固定資産	xxx
建物	xxx
構築物	xxx
工具器具備品	xxx
減価償却累計額	△xxx

■直接控除法

固定資産	xxx
有形固定資産	xxx
建物	xxx
構築物	xxx
工具器具備品	xxx

（貸借対照表に関する注記）

有形固定資産の減価償却累計額　　xxx百万円

49 附属明細

計算書類・財務諸表とともに固定資産の明細の作成が求められる

●会社法計算書類の場合

会社計算規則は計算書類とともにその附属明細書の作成を求めています（会社計算規則117条1項）。附属明細書には以下の事項を表示すべきとされています。

- 有形固定資産及び無形固定資産の明細
- 引当金の明細
- 販売費及び一般管理費の明細
- その他株式会社の貸借対照表、損益計算書、株主資本等変動計算書及び個別注記表の内容を補足する重要な事項

●上場会社等で作成される財務諸表の場合

財務諸表等規則は財務諸表とともにその附属明細表の作成を求めています（財務諸表等規則121条1項）。

- 有価証券明細表
- 有形固定資産等明細表
- 社債明細表
- 借入金等明細表
- 引当金明細表
- 資産除去債務明細表

●固定資産の明細

計算書類、財務諸表ともに固定資産の明細の作成が必要となります。固定資産の明細には、帳簿価額により作成する方法と取得原価により作成する方法があります。計算書類に係る「有形固定資産及び無形固定資産の明細」と財務諸表に係る「固定資産等明細表」は、名称は異なるものの、作成すべき表は同じ形式のものとなります。

明細表に記載した増加額および減少額のうち、重要なものが含まれている場合には、その内容を注記します。当期に減損損失の計上があり、直接減額している場合には、当期減少額に含めて記載し、その額を内書き（かっこ書き）します。

有形固定資産および無形固定資産の明細

（単位：百万円）

区分	資産の種類	期首帳簿価額	当期増加額	当期減少額	当期償却額	期末帳簿価額	減価償却累計額
有形固定資産	建物	xxx	xxx	xxx (xxx)	xxx	xxx	xxx
	機械装置	xxx	xxx	xxx (xxx)	xxx	xxx	xxx
	車両運搬具	xxx	xxx	xxx	xxx	xxx	xxx
	工具器具備品	xxx	xxx	xxx	xxx	xxx	xxx
	計	xxx	xxx	xxx (xxx)	xxx	xxx	xxx
無形固定資産	ソフトウェア	xxx	xxx	xxx	xxx	xxx	xxx
	計	xxx	xxx	xxx	xxx	xxx	xxx

※１：「当期減少額」欄の（　）は内数で，当期の減損損失計上額であります。
※２：当期増減額のうち主なものは以下のとおりです。

（増加）

本社オフィスLAN敷設工事	建物	xxx百万円
営業車両購入	車両運搬具	xxx百万円

（減少）

○○店閉鎖	建物	xxx百万円
	工具器具備品	xxx百万円

コラム

中古資産のうまみを使い倒そう！

古本や古着など私たちの生活の中にリサイクル商品はかなり深く入り込んできています。インターネットが普及する中で，スマートフォンを使ってリサイクル商品を買う方もかなり多くなってきているようです。そして，中古の商品を購入するメリットの第一は，価格が新品よりも安いということでしょう。

中古市場については，個人が利用するだけではなく，法人でも広く利用されています。中古不動産，中古車，中古機械や中古の厨房など幅広い商材が取り扱われています。

法人が中古商品を買う場合も，個人と同様に値段が安いということが購入を決めるインセンティブの１つになると思いますが，もう１つ大きなメリットがあります。

それは，中古資産であれば，新品の法定耐用年数よりも短い耐用年数を適用することができるということです。通常よりも短い耐用年数を適用できるということは，取得時に計算される減価償却費が通常よりも多く算定されることになり，利益を圧縮させることができます。儲かっている会社であれば，経費が増えた分だけ税金を少なくすることができますので，そのことがうまみとなるのです。

法人税法では，中古資産を取得した場合は，資本的支出が多額の場合などを除いて，法定耐用年数ではなく，使用可能期間として見積もられる年数を耐用年数とすることができます。ただし，実務的には使用可能期間の見積りは難しく，代替として認められている簡便法による年数を採用しているケースが多いです。簡便法は，法定耐用年数と経過年数さえわかれば算出できますので，多くの企業が採用しています。

会社によっては，中古資産にもかかわらず，簡便法による耐用年数を適用せずに，法定耐用年数で償却を行っている会社や年度によって法定耐用年数と簡便法による耐用年数とを使い分けている会社もあります。このような会社については，注意が必要です。なぜなら利益を多く出すために，償却費を抑えようと法定耐用年数を適用している可能性があるからです。また，そのように計算された償却費は本来の使用可能年数と乖離した前提で計算がされている可能性があるので，正しい利益が算出されているとはいえないでしょう。

第6章

減価償却の特殊な論点

50

圧縮記帳とは？

圧縮記帳の目的は課税の繰延べ

●圧縮記帳の意義

　圧縮記帳とは、税務上、課税所得として発生している特定の利益について、一定の要件のもとに、その年度の税負担を軽減し、その課税関係を将来に繰り延べる制度をいいます。

●圧縮記帳の趣旨

　法人税法上、各事業年度の益金の額に算入すべき金額は、22条2項の原則規定によれば、別段の定めがあるものを除き、資産の販売、有償または無償による資産の譲渡または役務の提供、無償による資産の譲受けその他の取引で資本等取引以外のものに係る当該事業年度の収益の額とするとされています。

　そのため、設備投資を行い、国や地方公共団体から補助金を受ける場合や、災害等により固定資産に損害を受け、保険金を受領した場合でも、これらの収入金額は益金の額に算入しなければならず、課税されることになります。そうなると、補助金や保険金の効果が薄れてしまうことが考えられます。そこで、このような場合に圧縮記帳を認めることによって、特定の収益について課税される税金を将来に繰り延べ、その効果を十分に受けられるように配慮しているのです。

●圧縮記帳による課税の繰延べ

　圧縮記帳では、初年度に取得した資産の取得原価からその補助金等に相当する額だけ減額して記帳することを認め、その圧縮した金額を損金の額に算入することにより、益金の額に算入された金額と相殺し、一時的に課税所得を生じさせないようにしています。したがって、圧縮損が計上された初年度は税負担が少なくなりますが、その分資産の取得原価が減額され、減価償却費が少なくなることから、その後の各年度の税負担は増加することになります。

圧縮記帳による課税の繰延べの具体例

（前提条件）
期首に器具を取得しました。器具に関する情報は，次のとおりです。
取得原価：1,000,000円　耐用年数：10年　償却方法：定額法
償却率：0.100
国庫補助金：200,000円
なお，圧縮記帳をした場合の会計処理は，直接減額方式を前提とします。

■圧縮記帳しない場合

（単位：千円）

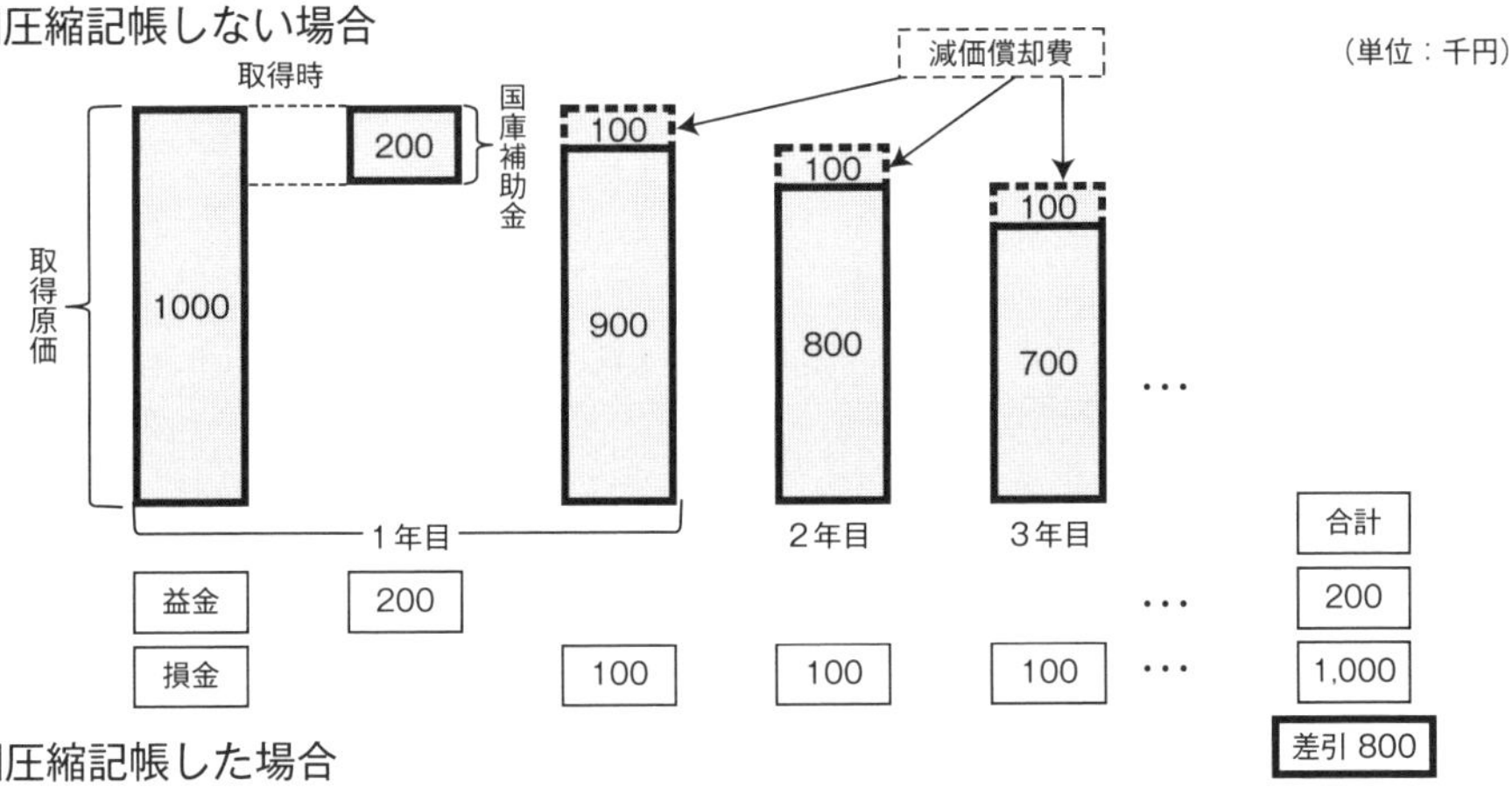

■圧縮記帳した場合

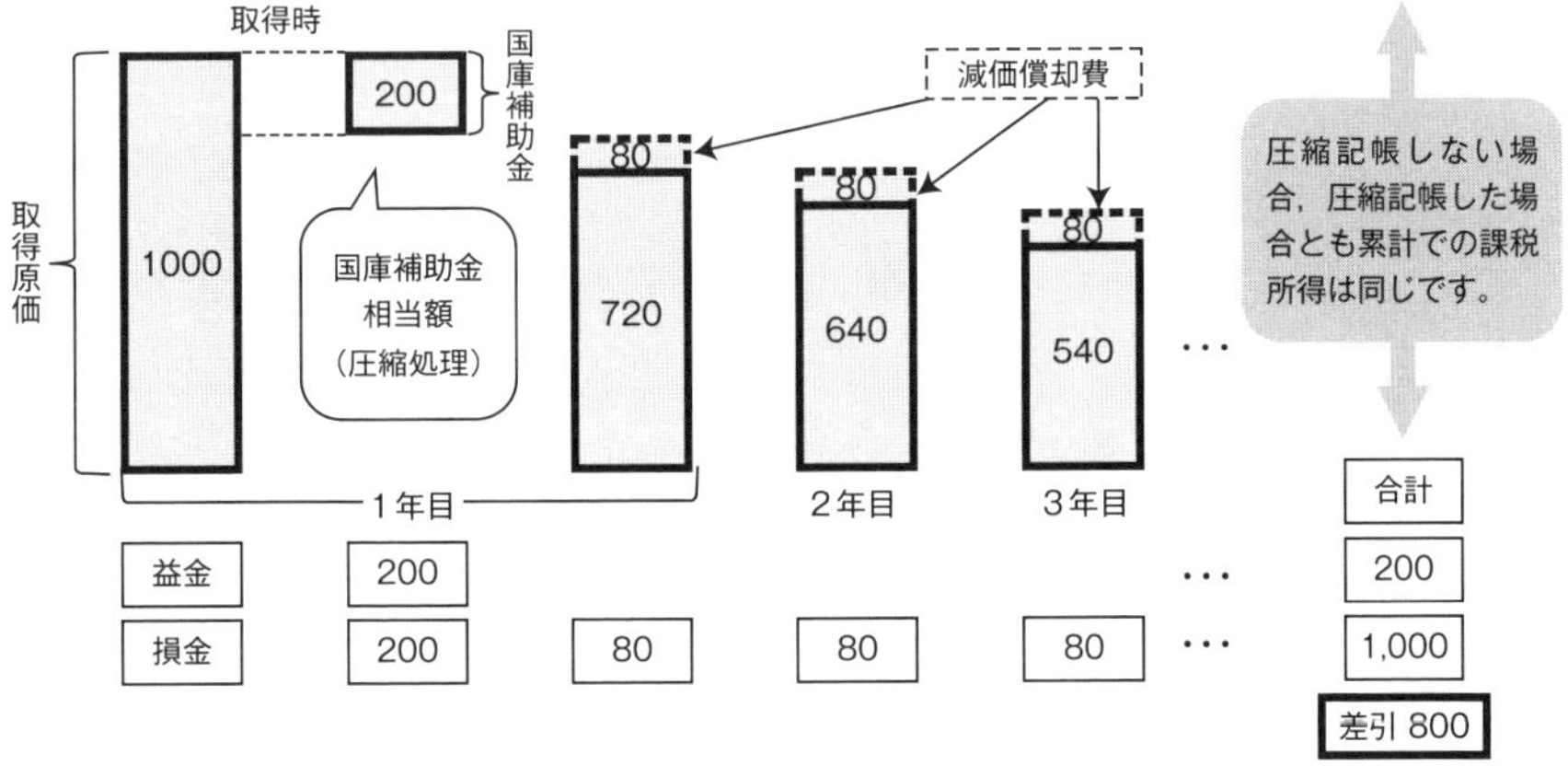

51 法人税上の圧縮記帳

法人税法で規定するものと租税特別措置法で規定するものがある

●圧縮記帳の制度

圧縮記帳の制度には、法人税法で認められているものと租税特別措置法で認められているものの2つがあります。

●法人税法上の圧縮記帳

法人税法上の圧縮記帳として規定されている主なものは、次のとおりです。

① 国庫補助金等で取得した固定資産等の圧縮記帳（法人税法42条）

法人が、固定資産の取得または改良に充てる目的で、国または地方公共団体等から補助金等の交付を受け、その国庫補助金等で交付目的に適合した固定資産の取得等をした場合には、その固定資産について取得等に充てた国庫補助金等の額に相当する金額の範囲内で、圧縮記帳を行うことができます。

② 工事負担金で取得した固定資産等の圧縮記帳（法人税法45条）

電気事業、ガス事業、水道事業、熱供給事業、地方鉄道業等の特定の事業を営む法人が、事業に必要な施設を設ける場合において、その施設によって便益を受ける者から工事負担金の交付を受け、それによってその施設を構成する固定資産を取得した場合には、その工事負担金の額を圧縮限度額として、圧縮記帳を行うことができます。

また、その事業に必要な施設を構成する固定資産の交付を受けた場合にも、その固定資産の価額を圧縮限度額として、圧縮記帳を行うことができます。

③ 保険金等で取得した固定資産等の圧縮記帳（法人税法47条）

法人が、その有する固定資産の滅失または損壊により保険金等の支払を受け、その保険金等で滅失をした固定資産に代替する同一種類の固定資産の取得等をした場合や代替資産の交付を受けた場合には、圧縮記帳を行うことができます。

④　交換により取得した資産の圧縮記帳（法人税法50条）

法人が、1年以上有していた固定資産で一定のものを他の者が1年以上有していた固定資産と交換し、その交換により取得した資産を譲渡直前の用途と同一の用途に供した場合には、圧縮記帳を行うことができます。

法人税法および租税特別措置法により認められている圧縮記帳の種類

法人税法上の圧縮記帳	国庫補助金等で取得した固定資産等（法人税法42条～44条）
	工事負担金で取得した固定資産等（法人税法45条）
	非出資組合が賦課金で取得した固定資産等（法人税法46条）
	保険金等で取得した固定資産等（法人税法47条～49条）
	交換により取得した資産（法人税法50条）
租税特別措置法上の圧縮記帳	農業経営基盤強化準備金を取り崩して取得した農用地等（租税特別措置法61条の3）
	収用等に伴い取得した代替資産（租税特別措置法64条，64条の2）
	換地処分等に伴い取得した資産（租税特別措置法65条）
	特定の資産の買換え等により取得した資産（租税特別措置法65条の7～65条の9）
	特定の交換分合により取得した土地等（租税特別措置法65条の10）
	大規模な住宅地等造成事業の施行区域内にある土地等の造成のための交換等により取得した宅地（租税特別措置法65条の11，65条の12）
	特定普通財産とその隣接する土地等の交換により取得した資産（租税特別措置法66条）
	平成21年及び平成22年に先行取得した土地等（租税特別措置法66条の2）
	技術研究組合が賦課金で取得した試験研究用資産（租税特別措置法66条の10）
	転廃業助成金等で取得した固定資産等（租税特別措置法67条の4）

52 租税特別措置法上の圧縮記帳

租税特別措置法の課税特例を重複して適用することはできない

●租税特別措置法上の圧縮記帳

租税特別措置法上の圧縮記帳として規定されている主なものは、次のとおりです。

① 収用等に伴い取得した代替資産の圧縮記帳（租税特別措置法64条）

法人の有する資産が、土地収用法その他の法律の規定に基づいて収用され、補償金を取得した場合において、その補償金等をもって収用等により譲渡した資産に代わるべき資産（代替資産）を取得した時は、その取得した代替資産について、圧縮記帳を行うことができます。

② 特定の資産の買換え等により取得した資産の圧縮記帳（租税特別措置法65条の7）

法人が有する棚卸資産以外の特定の資産（譲渡資産）を譲渡し、所定の期間内に特定の資産（買換資産）を取得し、かつ、取得の日から1年以内に事業の用に供した場合には、圧縮記帳を行うことができます。

●租税特別措置法上の課税の特例の重複適用

同一資産について、租税特別措置法の課税の特例を重複して適用することは、基本的に認められません。そのため、租税特別措置法上の圧縮記帳の適用を受けた資産については、特別償却、特別控除等の適用を受けることができません。一方、法人税法上の圧縮記帳については、このような制限はありません。

●圧縮記帳の経理

圧縮記帳での損金算入は、確定した決算において一定の経理をすることを要件としています。この経理の方法として直接減額方式と積立金方式があります。

圧縮記帳の種類により、直接減額方式と積立金方式のいずれかを選択できるものと、直接減額方式のみが認められるものがあるため、注意が必要です。

経理方法の選択

圧縮記帳	直接減額方式	積立金方式
国庫補助金等で取得した固定資産等 （法人税法42条～44条）	○	○
工事負担金で取得した固定資産等 （法人税法45条）	○	○
保険金等で取得した固定資産等 （法人税法47条～49条）	○	○
交換により取得した資産 （法人税法50条）	○	×
収用等に伴い取得した代替資産 （租税特別措置法64条，64条の２）	○	○
特定の資産の買換え等により取得した資産 （租税特別措置法65条の7～65条の９）	○	○

※　○は採用することができ，×は採用することができないことを示しています。

53

直接減額方式

固定資産の取得原価を直接減額する圧縮記帳の経理方法

●直接減額方式

直接減額方式は、固定資産の取得原価を直接減額し、これを固定資産圧縮損（特別損失）として損金経理します。なお、直接減額方式を採用した場合、取得資産について圧縮記帳を行った旨および圧縮額を財務諸表に注記する必要があります。

●会計上の取扱い

会計上、直接減額方式によると、固定資産の帳簿価額が実態と乖離してしまうため、積立金方式による会計処理が本来は望ましいと考えられます。

ただし、企業会計原則注解（注24）では国庫補助金、工事負担金等で取得した資産については、国庫補助金等に相当する金額をその取得原価から控除することができるとしています。

また、監査第一委員会報告第43号「圧縮記帳に関する監査上の取扱い」では、交換、収用等について、直接減額方式によっても、監査上妥当なものとして取り扱うとされています。

●税務上の取扱い

交換差益の圧縮記帳については、税務上、直接減額方式しか認められないとされています。ただし、法人税法50条の交換に該当する場合および租税特別措置法65条第1項の換地処分等に該当する場合には、譲渡資産の帳簿価額を引き継ぐ方法で会計処理したときもこの経理方法を認めることにしています（法人税基本通達10‐6‐10、租税特別措置法関係通達64(3)‐17）。

直接減額方式による会計処理の具体例

（前提条件）
期首に器具を取得しました。器具に関する情報は，次のとおりです。
取得原価：1,000,000円　　耐用年数：10年　　償却方法：定額法
償却率：0.100
国庫補助金：200,000円

■器具の取得　　　（単位：円）

器具	1,000,000	現金	1,000,000

■国庫補助金の受取

預金	200,000	国庫補助金受贈益	200,000

■取得原価からの直接減額

圧縮損	200,000	器具	200,000

圧縮損として損金経理し，国庫補助金受贈益と相殺します。

■減価償却の計上

減価償却費	80,000	減価償却累計額	80,000

減価償却の計算：　800,000　×　0.100　＝　80,000

本設例における器具の圧縮記帳の後の帳簿価額は，取得原価1,000,000円から圧縮損200,000円を控除した800,000円となります。したがって減価償却費は800,000円に償却率0.100を乗じて計算した80,000円になります。

54 積立金方式

圧縮積立金を計上する圧縮記帳の経理方法

●**積立金方式**

積立金方式とは、貸借対照表の純資産の部に圧縮積立金を計上するとともに、株主資本等変動計算書に圧縮積立金の積立額を記載（注記による開示を含む）する方法です。

なお、剰余金の処分は株主総会の決議事項となっていますが、法令に基づく剰余金の項目の増加または減少については、株主総会の決議は不要であると規定されています（会社計算規則153条2項）。そのため、圧縮積立金などの税法上の積立金の積立てについて、税法の規定に基づき積立て・取崩しを行うことについては、株主総会の決議を省略することができます。

●**税効果会計を適用する場合**

積立金方式で圧縮記帳を行う場合において、税効果会計を適用する場合には、この積立金に対する税法上と会計上の一時差異について繰延税金負債を計上することとなります。

●**税務上の取扱い**

積立金方式により経理した場合には、税務上は、その圧縮額を法人税申告書の別表にて、減算処理します。一方、会計上は、固定資産の取得原価自体を減額していないので、圧縮前の取得原価を基礎として減価償却を行います。

また、税務上、減価償却費の調整として、毎年、法人税申告書の別表にて、圧縮額に対応する減価償却費の金額を加算処理します。

積立金方式による会計処理の具体例

（前提条件）
期首に器具を取得しました。器具に関する情報は，次のとおりです。
取得原価：1,000,000円　　耐用年数：10年　　償却方法：定額法
償却率：0.100　　国庫補助金：200,000円　　法定実効税率30%

■器具の取得　（単位：円）

器具	1,000,000	現金	1,000,000

■国庫補助金の受取

預金	200,000	国庫補助金受贈益	200,000

■圧縮積立金の積立

繰越利益剰余金	140,000	圧縮積立金	140,000
法人税等調整額	60,000	繰延税金負債	60,000

圧縮記帳により，将来加算一時差異が200,000円発生します。それに対して法定実効税率30%を乗じた60,000円を繰延税金負債，差額の140,000円を圧縮積立金として計上します。

■減価償却の計上　（単位：円）

減価償却費	100,000	減価償却累計額	100,000

減価償却の計算：　1,000,000　×　0.100　＝　100,000

■圧縮積立金の取崩し

圧縮積立金	14,000	繰越利益剰余金	14,000
繰延税金負債	6,000	法人税等調整額	6,000

圧縮積立金の計算：　200,000×0.100×（1－30%）＝14,000
繰延税金負債の計算：200,000×0.100×30%＝6,000

決算時において，減価償却費を計上します。また，圧縮経理により計上した圧縮積立金および繰延税金負債について，減価償却費相当額を取り崩します。

55 リース取引

ファイナンス・リース取引とオペレーティング・リース取引がある

●リース取引の種類

リース取引とは、リース期間においてリース料を払うことにより、固定資産を利用する権利を得る取引をいいます。

リース取引は、ファイナンス・リース取引とオペレーティング・リース取引に大きく分けられます。

ファイナンス・リース取引とは、リース期間の中途において、契約を解除することができないこと（中途解約不能）、リース資産を使用するにあたって生じるコストをほぼ全部借手が負担すること（フル・ペイアウト）の2要件を満たす取引をいいます。ファイナンス・リース取引は、リース期間終了後に所有権が移転するか否かにより、所有権移転ファイナンス・リース取引と所有権移転外ファイナンス・リース取引に区分されます。

また、オペレーティング・リース取引とは、ファイナンス・リース取引以外のリース取引をいいます。

●ファイナンス・リース取引の取扱い

平成20年4月1日以後に開始する事業年度より、改正リース会計基準が適用となっています。ファイナンス・リース取引は、原則として、通常の売買取引に準じた会計処理を行うこととなりました。

改正リース会計基準の対象となる会社は、上場会社等、会社法上の大会社および連結子会社・持分法適用会社です。そのため、右記以外の中小会社は、従来どおり賃貸借処理が可能となっています。

●重要性が乏しい場合の簡便的な処理

改正リース会計基準の対象会社であっても、次の場合については、賃貸借処理が可能（所有権移転ファイナンス・リース取引については、②または③のいずれかを満たす場合）となっています。

① 1件当たりのリース料総額が300万以下のリー

リース取引

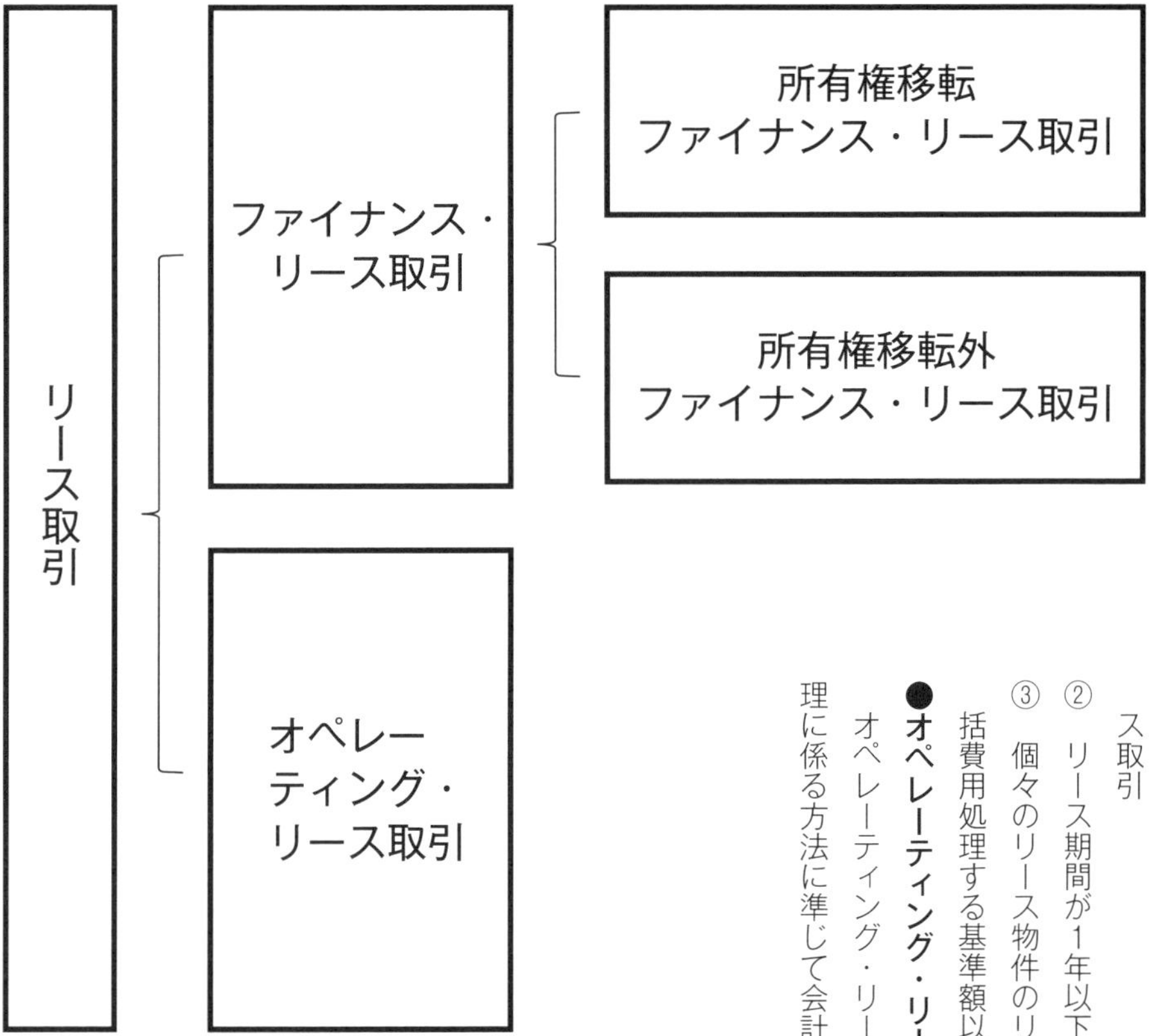

ス取引

② リース期間が1年以下のリース取引

③ 個々のリース物件のリース料総額が、購入時に一括費用処理する基準額以下のリース取引

●オペレーティング・リース取引の取扱い

オペレーティング・リース取引は、通常の賃貸借処理に係る方法に準じて会計処理を行います。

56 リース資産の取得原価

ファイナンス・リース取引における原則的な会計処理方法とは

●リース資産の取得原価

ファイナンス・リース取引において借手は、リース取引開始日にリース物件とこれに係る債務をリース資産およびリース債務として計上します。なお、計上額は原則としてリース料総額から、これに含まれる利息相当額の合理的な見積額を控除する方法によります。

借手においてリース物件の貸手の購入価額等が明らかな場合には、リース料総額の現在価値と貸手の購入価額等のいずれか低い額を資産計上額とします。また、貸手の購入価額等が明らかでない場合には、リース料総額の現在価値と見積現金購入価額のいずれか低い額を資産計上額とします。

●リース料総額の現在価値

リース料総額の現在価値とは、リース料総額を一定の割引率で割り引いた現在価値のことをいいます。なお、リース契約において残価保証の取決めがある場合には、リース料総額に残価保証額を含むものとされています。

現在価値の算定のために用いる割引率は、貸手の計算利子率がわかる場合は当該利率とし、不明な場合には、借手の追加借入に適用される合理的に見積もられる利率によります。

●支払リース料の会計処理

リース料総額は、原則として利息相当額部分とリース債務の元本返済額部分とに区分計算し、前者は支払利息、後者はリース債務の元本返済として処理します。

利息相当額の総額をリース期間中の各期に配分する方法は、原則として、利息法によります。利息法とは、各期の支払利息相当額をリース債務の未返済元本残高に一定の利率を乗じて算定する方法です。

ただし、リース資産総額に重要性が乏しい場合には、利息相当額の各期への配分について、次のいずれかの

リース資産の取得原価の計算

（前提条件）

リース取引開始日をX１年４月１日（期首）とするリース契約を締結しました。リース契約に関する情報は，次のとおりです。
・リース料支払い：X１年４月末からX５年３月末日までの48回
・リース料総額：96,000円（2,000円×48回）
・借手の見積現金購入価額：90,000円（貸手の購入価額等は不明）
・リース料総額の現在価値計算に使用する割引率は，借手の追加借入適用利率３%（貸手の計算利子率は不明）

⑴　リース料総額の現在価値の算定

$$\frac{2{,}000}{\left(1+\frac{0.03}{12}\right)}+\frac{2{,}000}{\left(1+\frac{0.03}{12}\right)^{2}}+\cdot\cdot\cdot\cdot+\frac{2{,}000}{\left(1+\frac{0.03}{12}\right)^{48}}=90{,}357$$

⑵　リース資産計上額の判定

リース料総額の現在価値　90,357　＞　借手の見積現金購入額　90,000
いずれか低い額　∴　90,000

<重要性が乏しい場合>
リース資産総額に重要性が乏しいと認められる場合とは，次式で求めた割合が10%未満となる場合をいいます。

$$\frac{\text{未経過リース料の期末残高}}{\text{未経過リース料の期末残高}+\text{有形固定資産の期末残高}+\text{無形固定資産の期末残高}}$$

方法を適用することができます。
①　支払リース料総額をリース資産とする方法
②　利息相当額の各期への配分方法として，定額法を採用する方法

57 リース資産の減価償却方法

所有権移転外ファイナンス・リースは、リース期間定額法で償却する

●リース資産の償却

所有権移転外ファイナンス・リース取引に係るリース資産の減価償却費は、原則として、リース期間を耐用年数とし、残存価額をゼロとして算定します。リース契約上に残価保証の取決めがある場合には、原則として、その残価保証額を残存価額とします。

なお、償却方法は、定額法、級数法、生産高比例法等の中から企業の実態に応じたものを選択適用します。この場合、自己所有の固定資産に適用する減価償却方法と同一の方法により計算する必要はありません。

また、所有権移転ファイナンス・リース取引に係るリース資産の減価償却費は、自己所有の固定資産に適用する減価償却方法と同一の方法により算定します。この場合の耐用年数は、経済的使用可能予測期間とされています。

●リース期間定額法

税務上、平成20年4月1日以後に契約する所有権移転外ファイナンス・リース取引におけるリース資産については、リース期間定額法により減価償却を行います。そのため、会計上も税務上の規定にあわせ、リース期間定額法により経理することが一般的です。

●リース期間終了時および再リースの処理

リース期間の終了時においては、リース物件の返却・除却の処理を除き、会計処理を要しません。ただし、リース契約に残価保証の取決めがある場合は、貸手に対する不足額の確定時に、当該不足額をリース資産売却損等として処理します。

また、再リース期間を耐用年数に含めない場合の再リース料は、原則として、発生時の費用として処理します。

リース期間定額法

リース期間定額法は，次の算式により計算した金額を各事業年度の償却限度額とする方法です。

$$（リース資産の取得原価－残価保証額）\times \frac{その年におけるリース期間の月数}{リース期間の月数}$$

残価保証額とは，リース期間終了の時にリース資産の処分価額が，所有権移転外リース取引に係る契約において定められている保証額に満たない場合に，その満たない部分の金額を賃借人が支払うこととされている場合におけるその保証額をいいます（法人税法施行令48条の２第５項６号）。

リース期間定額法による会計処理の具体例

（前提条件）

リース取引開始日をX１年４月１日（期首）とするリース契約を締結しました。

取得したリース物件に関する情報は，次のとおりです。

・リース物件の取得原価：1,000,000円

・リース期間：４年

・償却方法：リース期間定額法

なお，当該リース契約には，リース期間終了時に借手がリース物件の処分価額を100,000円まで保証する条項（残価保証）が付されているものとします。

■減価償却の計上

減価償却費	225,000	減価償却累計額	225,000

減価償却の計算：$（1,000,000－100,000）\times \frac{12月}{48月}＝225,000$

58

キャッシュ・フロー計算書における減価償却費

直接法では記載されないけど、間接法では記載される？

●キャッシュ・フロー計算書とは

キャッシュ・フロー計算書とは、企業の一会計期間のキャッシュ・フローの状況を報告するものです。キャッシュ・フロー計算書では、一会計期間のキャッシュ・フローを「営業活動によるキャッシュ・フロー」、「投資活動によるキャッシュ・フロー」および「財務活動によるキャッシュ・フロー」の3つの区分に分けて表示します。

●直接法と間接法

「営業活動によるキャッシュ・フロー」の区分の表示方法には直接法と間接法の2つの方法があり、企業がいずれかの方法を選択することが可能です。

直接法とは、営業収入、原材料または商品の仕入れによる支出等、主要な取引ごとにキャッシュ・フローを総額表示する方法をいいます。

間接法とは、税引前当期純利益に非資金損益項目、営業活動に係る資産および負債の増減ならびに「投資活動によるキャッシュ・フロー」および「財務活動によるキャッシュ・フロー」の区分に含まれるキャッシュ・フローに関連して発生した損益項目を加減して「営業活動によるキャッシュ・フロー」を表示する方法をいいます。

●間接法を採用した場合の減価償却費の取扱い

減価償却費は非資金損益項目に該当しますので、間接法によるキャッシュ・フロー計算書においては、税引前当期純利益に減価償却費を足し戻すことになります。

●直接法を採用した場合の減価償却費の取扱い

直接法ではキャッシュ・フローの生じる取引のみを記載します。減価償却費は非現金支出費用のため直接法を採用した場合には記載がなされません。

キャッシュ・フロー計算書における減価償却費

（間接法による場合）

営業活動によるキャッシュ・フロー	
税金等調整前当期純利益	
減価償却費	XXX
減損損失	XXX
のれん償却額	XXX
貸倒引当金の増減額（△は減少）	XXX
受取利息及び受取配当金	△ XXX
支払利息	XXX
為替差損益（△は益）	XXX
売上債権の増減額（△は増加）	XXX
たな卸資産の増減額（△は増加）	XXX
仕入債務の増減額（△は減少）	XXX
小計	XXX
利息及び配当金の受取額	XXX
利息の支払額	△ XXX
損害賠償金の支払額	△ XXX
法人税等の支払額	△ XXX
営業活動によるキャッシュ・フロー	XXX

間接法では非現金支出費用である減価償却費が記載される。

（直接法による場合）

営業活動によるキャッシュ・フロー	
営業収入	XXX
原材料又は商品の仕入れによる支出	△ XXX
人件費の支出	△ XXX
その他の営業支出	△ XXX
小計	XXX
利息及び配当金の受取額	XXX
利息の支払額	△ XXX
損害賠償金の支払額	△ XXX
法人税等の支払額	△ XXX
営業活動によるキャッシュ・フロー	XXX

直接法では非現金支出費用である減価償却費は記載されない。

59 特別償却と特別税額控除

一定の要件を満たした企業が使える制度

●特別償却制度

法人が減価償却資産について取得原価、残存価額、耐用年数、選定した償却方法に基づき計算することは一般的に普通償却といわれますが、産業対策、環境対策、中小企業対策などの観点から、一定の要件を満たす企業がそれぞれの制度で定められた適用対象資産を取得した場合に、普通償却とは別に所定の金額を特別に償却することを認める制度が設けられています。特別償却対象資産の償却限度額は、普通償却限度額と特別償却限度額の合計額となります。

●直接控除方式

特別償却制度は、普通償却同様、損金経理が必要となります。特別償却額を償却費として損金経理し、その資産の帳簿価額から直接控除します。これを「直接控除方式」といいます。

●積立金方式

特別償却は課税の繰延制度であるため企業会計上、損益に影響させないようにしなければなりません。そこで、「直接控除方式」のほか、「積立金方式」による特別償却も認められています。「積立金方式」は、剰余金の処分により特別償却準備金を積み立て、申告調整により損金算入する方法になります。

どちらの方法によるかは、適用事業年度ごと、種類ごとに、法人による選択が可能となっていますが、企業会計上、取得原価主義（取得時に支払った価格をもとに資産評価する会計）の観点から、積立金方式による会計処理が望ましいと考えられています。

積立金方式を選択した場合、適用対象資産の会計上の帳簿価額と税務上の帳簿価額に差異が生じるため、将来加算一時差異が生じ、繰延税金負債を計上する必要があります。

主な特別償却制度

主な特別償却制度	適用取得年度
中小企業等投資促進税制（中小企業者等が特定経営力向上設備等を取得した場合の特別償却又は税額控除）	平成29年４月１日から平成31年３月31日までの間
中小企業等投資促進税制（中小企業者等が経営改善設備を取得した場合の特別償却又は税額控除）	平成25年４月１日から平成31年３月31日までの間
地域中核企業向け設備投資促進税制（地域経済牽引事業の促進区域内において特定事業用機械等を取得した場合の特別償却又は税額控除）	企業立地促進法の改正法の施行の日から平成31年３月31日までの間

【特別償却を適用した事業年度の会計処理】
税務上の特別償却限度額が700の場合

■直接控除方式による仕訳例

特別償却費	700	／	機械及び装置	700

■積立金方式による仕訳例

法人税等調整額	210	／	繰延税金負債	210※1
繰越利益剰余金	490		特別償却準備金	490※2

※1　700×法定実効税率30%＝210
※2　700－210＝490

●特別税額控除

特別償却制度によっては、特別償却に代えて特別税額控除を選択できる制度も存在します。特別税額控除とは、対象資産の取得原価の一定割合相当額をその事業年で計算した法人税額から控除する制度です。

60 増加償却

耐用年数通達の付表5に定められている機械及び装置のみ適用可能

●制度の概要

機械及び装置は、耐用年数通達の付表5（通常の使用時間が8時間又は16時間の機械装置）にて明らかにされているとおり、業種における通常の使用時間を基礎に法定耐用年数が算定されています。そのため、受注増加等により使用時間が通常の平均的な使用時間を超える場合においては、その機械及び装置の損耗が平均より早いと考えられるため、その超過使用時間に応じて償却額を増加することができる増加償却制度が設けられています（法人税法施行令60条）。

●対象資産

増加償却制度の対象となる資産は、機械及び装置に限定されています。機械及び装置以外の資産は、その性質上、24時間稼働を前提に法定耐用年数が算定されているため、対象資産から除かれています。同様の考え方から耐用年数通達の付表5に定められていない機械及び装置は通常の使用時間が24時間という前提のため、対象資産から除かれています。

●償却方法による適用除外

機械及び装置でも、旧定額法、旧定率法、定額法、定率法により償却している資産のみが増加償却制度を適用することが可能となっています。

生産高比例法等の償却方法は、その償却方法が超過使用時間を反映できる計算方法であるため、増加償却を適用できません。

●適用を受けるための手続き

増加償却の適用を受けるためには、適用を受けようとする事業年度の確定申告書の提出期限（仮決算による中間申告書を提出するときは、その中間申告書の提出期限）までに増加償却の届出書の提出が必要となっています。また、その平均的な使用時間を超えて使用したことを証する書類を保存する必要があります。

増加償却制度の適用要件

①対象資産	機械及び装置のみ
②採用償却方法	旧定額法，旧定率法，定額法，定率法
③増加償却割合	10%以上であること
④届出書	適用を受けようとする事業年度の確定申告書の提出期限（仮決算による中間申告書を提出するときは，その中間申告書の提出期限）までに提出が必要

（増加償却を適用する場合の償却限度額）

償却限度額　＝　機械及び装置の普通償却限度額

＋

（機械及び装置の普通償却限度額×増加償却割合）

└ 増加償却額 ┘

（増加償却割合の計算方法）

増加償却割合　＝　$\frac{3.5}{1,000}$

×

機械及び装置の１日当たりの超過使用時間数

コラム

税制改正の時期は新たな投資を考えるとき！

圧縮記帳の項目の際にも出てきましたが，「租税特別措置法」という法律があります。租税特別措置法というのは，特定の政策目標を達成するための税制上の特例として，税金の減免等を措置した法律をいいます。租特（そとく）といわれることもあります。

この「租特」ですが，減価償却資産との関連性が高いです。なぜかというと，政府が考える政策を税の観点から推し進めようと，一定の投資に対して減価償却費を通常よりも多く認める特別償却制度が租特に制定されているからです。

最近ですと，地方創生を実現するために地方拠点強化税制というものが施行されましたが，その中では東京23区から地方に本社を移転させた場合に，地方で取得した建物の減価償却に特別償却が認められました。

また，世界的に見て低いといわれている労働生産性を高めるために，情報連携投資等の促進をはかるためにIOT投資減税というものが平成30年度の税制改正では制定されました。投資減税の対象になると特別償却が認められるのです。

特別償却を適用すると投資初年度に多額の減価償却が認められることとなり，結果として支払う税金を減らすことができます。税金が減るということは，使えるお金が増えることになり，これが投資のインセンティブを高めることになるのです。

このような政策減税の対象となる投資内容は，例年12月に政府が発表する税制改正大綱で明らかとなります。

政策目的で制定される関係上，適用される期間も３年程度のものが多く，情報を入手したら速やかに自社に適用することの妥当性を検討することが重要です。

投資を検討して実行した頃には，租特の期限が切れて税のメリットを受けられなくなってしまっていたらもったいないですから。

師走になって税制改正大綱が発表されたら，何はともあれチェックしてみましょう！

第7章

減価償却とその他関連会計基準

61 減損会計の考え方

投資の損失が見込まれる場合には将来に損失を繰り延べないために減額する

●固定資産の減損の意義

固定資産の減損とは、資産の収益性の低下により投資額の回収が見込めなくなった状態であり、減損処理とは、そのような場合に、一定の条件の下で回収可能性を反映させるように帳簿価額を減額する会計処理をいいます。

固定資産の取得時には、投資額以上の収益獲得または費用削減が期待されています。しかし、経済環境の悪化等により、固定資産を使用し続けても、売却したとしても、いずれの場合も投資額の回収が見込めなくなることがあります。このように投資の損失が見込まれる場合には、将来に損失を繰り延べないために帳簿価額を減額する必要があります。

●減損会計の対象となる資産

減損会計はすべての固定資産が対象となります。つまり、有形固定資産、無形固定資産、投資その他の資産が含まれ、のれん、投資不動産なども対象になります。ただし、他の基準に減損処理に関する定めがある金融資産や繰延税金資産、貸借対照表上、固定資産に分類されない繰延資産等は除外されます。

●減損会計の全体像

減損処理の手続きは、次のとおりとなります。

まず、①減損の対象となる資産について、減損が生じている可能性が高い資産を識別し、次に、②減損損失を認識するかどうかを判定します。具体的には、減損の兆候があると識別された資産の割引前の将来キャッシュ・フローが帳簿価額を下回る場合に、減損損失を認識する必要があると判定されます。最後に、③減損損失として計上する金額を測定します。減損損失として計上すべき金額は、帳簿価額から回収可能価額を控除して算定します。回収可能価額は、正味売却価額と使用価値のいずれか高い方の金額となります。

減損の意義

■収益性の低下により投資額の回収が見込めなくなった場合

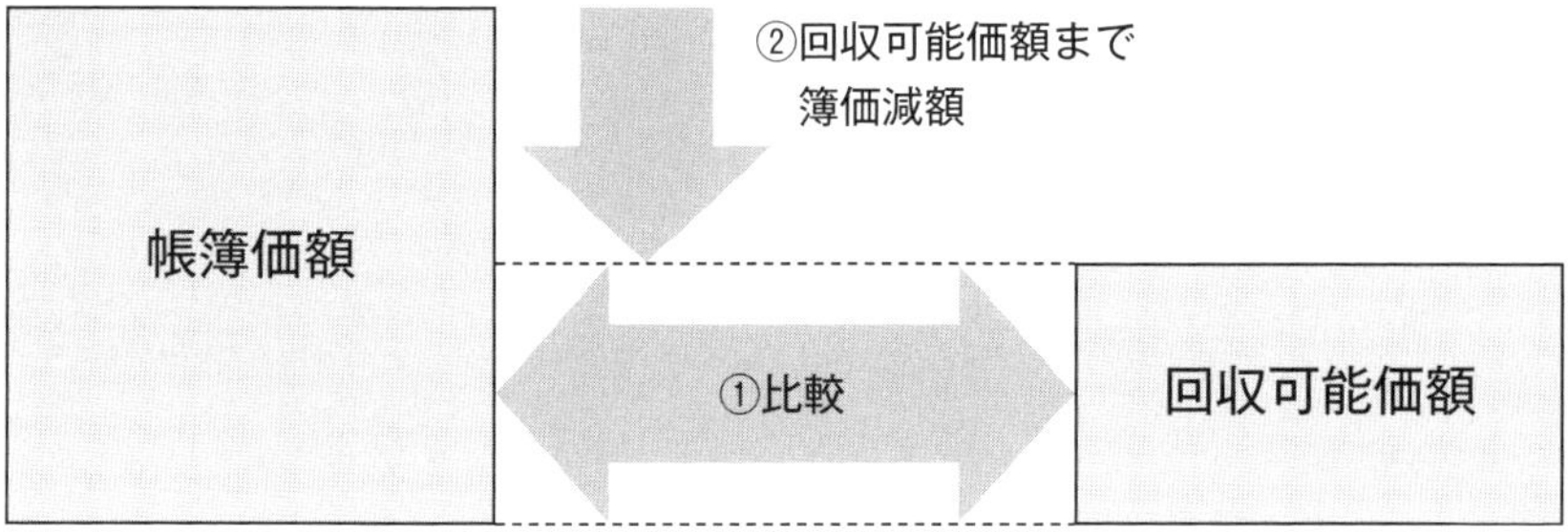

■減損会計の全体像

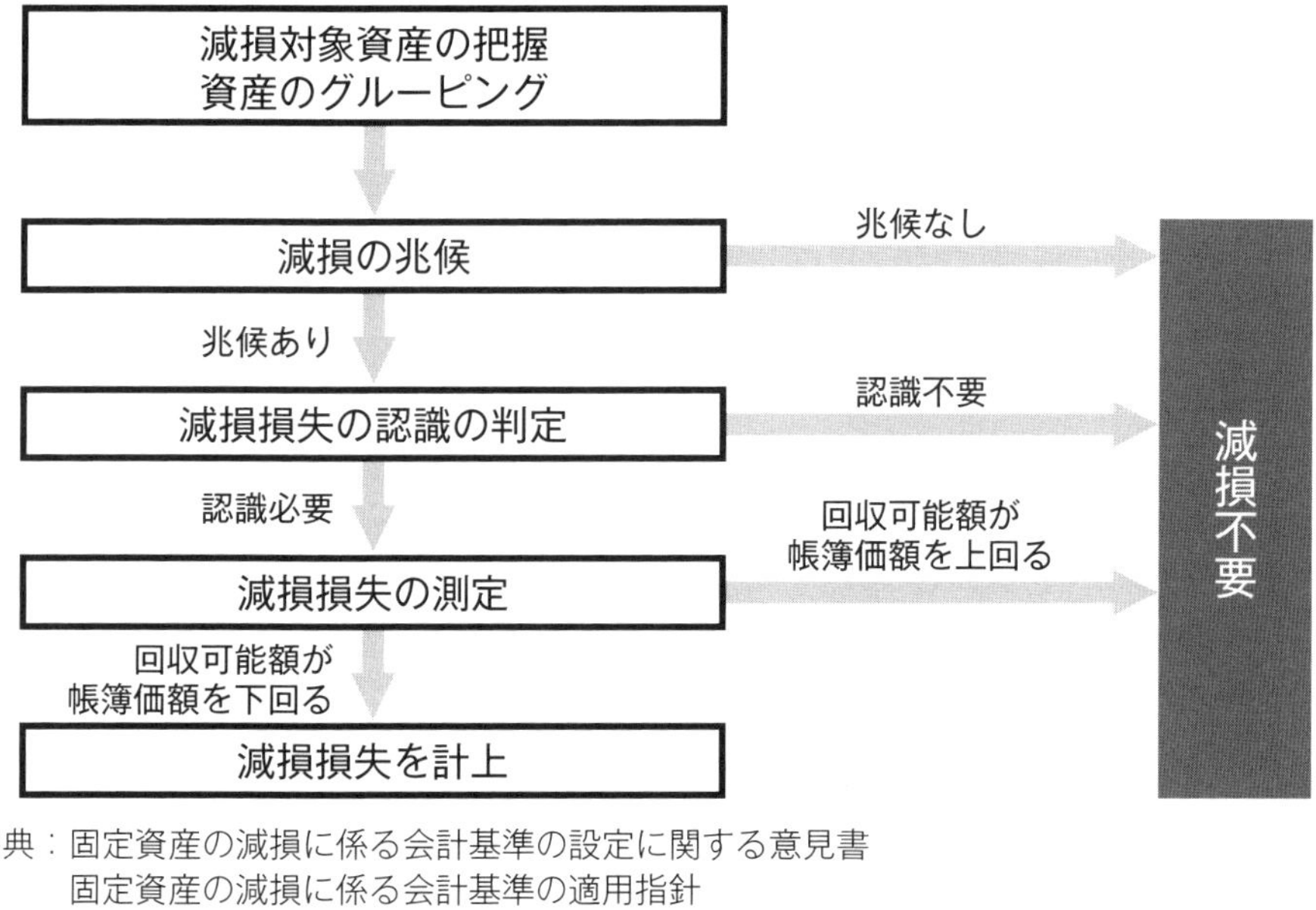

出典：固定資産の減損に係る会計基準の設定に関する意見書
固定資産の減損に係る会計基準の適用指針
固定資産の減損に係る会計基準

62 減損損失計上時の処理

一度行った減損損失の戻入れは行わない

●減損処理後の減価償却

減損処理を行った資産については、減損損失を控除した帳簿価額に基づいて減価償却を行います。したがって、減損損失を控除した帳簿価額から残存価額を控除した金額を、企業が採用している減価償却の方法に従って、規則的、合理的に配分することになります。そのため計算要素である残存価額と残存耐用年数を確認する必要があります。

残存価額は、耐用年数到来時において予想される当該資産の正味売却価額とし、減価償却費の計算においては現在価値まで割り引く必要はありません。

残存耐用年数は、減損処理後の経済的残存使用年数になります。

●減損損失の戻入れ

減損損失の戻入れは行わないこととされています。これは、減損の存在が相当程度確実な場合に限って減損損失を認識および測定することとしていること、また、戻入れは事務負担を増大させるおそれがあること等が考慮されています。

●貸借対照表における表示

貸借対照表における表示は、直接控除形式を原則としますが、独立間接控除形式または合算間接控除形式により表示することも可能です。

●損益計算書における表示

減損損失は臨時的な損失のため、原則として、特別損失とします。

貸借対照表における表示

［前提条件］

建物の取得原価は1,000，減価償却累計額は300，減損損失累計額は600である場合

直接控除形式		独立間接控除形式		合算間接控除形式	
建物	100	建物	1,000	建物	1,000
		減価償却累計額	300	減価償却累計額	900
		減損損失累計額	600		100
			100		

63 資産除去債務の考え方

「取得」や「通常の使用」によって生じ、法令または契約で要求される法律上の義務？

●資産除去債務

資産除去債務に関する会計基準第3項⑴において、『「資産除去債務」とは、有形固定資産の取得、建設、開発又は通常の使用によって生じ、当該有形固定資産の除去に関して法令又は契約で要求される法律上の義務及びそれに準ずるものをいう。この場合の法律上の義務及びそれに準ずるものには、有形固定資産を除去する義務のほか、有形固定資産の除去そのものは義務でなくとも、有形固定資産を除去する際に当該有形固定資産に使用されている有害物質等を法律等の要求による特別の方法で除去するという義務も含まれる。』と定義されています。

●対象となる有形固定資産

資産除去債務の判定の対象となる資産には、建物、建物附属設備、構築物、機械及び装置、車両、工具・器具及び備品、リース資産、建設仮勘定のほか、投資不動産も含まれています。

●発生要因

資産除去債務は、有形固定資産の取得、建設、開発または通常の使用により生じるものとされています。ここでいう「通常の使用」とは、有形固定資産を意図した目的のために正常に稼働させることをいいます。有形固定資産を除去する義務が、不適切な操業等の異常な原因によって発生した場合には、資産除去債務として使用期間にわたって費用配分すべきものではなく、引当金の計上や固定資産の減損会計の適用対象とすべきものと考えられています（資産除去債務に関する会計基準第26項）。

●法律上の義務

資産除去債務は、法令または契約で要求される法律上の義務およびこれに準ずるものとされています。法律上の義務に準ずるものとは、債務の履行を免れ

資産除去債務計上の主な要件

主な要件	含むもの	含まれないもの
①対象資産	建物，建物附属設備，構築物，機械及び装置，車両，工具・器具及び備品のほか，リース資産，建設仮勘定，投資不動産等	オペレーティング・リース取引
②発生要因	有形固定資産の取得，建設，開発または通常の使用により生じるもの	不適切な操業等の異常な原因
③除去	売却，廃棄，リサイクル，その他の方法による処分等	転用，用途変更，遊休状態になる場合，使用期間中の環境修復や修繕
④法律上の義務等	法令または契約で要求される法律上の義務およびこれに準ずるものにより発生する費用	企業の自発的な計画のみによる除去

ることがほぼ不可能な義務を指し、法令または契約で要求される法律上の義務とほぼ同等の不可避的な義務が該当します。

具体的には、法律上の解釈により当事者間での清算が要請される債務に加え、過去の判例や行政当局の通達等のうち、法律上の義務とほぼ同等の不可避的な支出が義務づけられるものが該当すると考えられます。

したがって、有形固定資産の除去が企業の自発的な計画のみによって行われる場合は、法律上の義務に準ずるものには該当しません（資産除去債務に関する会計基準第28項）。

64 資産除去債務の会計処理

合理的に見積もることができるようになったら負債として計上

●資産除去債務発生時の会計処理

資産除去債務発生時には、有形固定資産の除去に要する割引前の将来キャッシュ・フローを見積もり、現在価値となる割引後の金額（割引価値）で算定し、負債として計上します。同時に当該負債の計上額と同額を対象となる有形固定資産の帳簿価額に加えます。

●資産除去債務を合理的に見積もることができない場合

資産除去債務は、有形固定資産の取得、建設、開発または通常の使用によって生じるものであり、有形固定資産の取得時や、法令等の改正や契約の変更等により取得後に発生する場合があります。資産除去債務発生時に、当該債務の金額を合理的に見積もることができない場合には、計上せずに、当該債務額を合理的に見積もることができるようになった時点で負債として計上します（資産除去債務に関する会計基準第5項）。

●資産除去債務計上後の会計処理

資産除去債務は発生時には割引価値で計上されるため、時の経過による資産除去債務の調整額の認識が必要となります。当該調整額は、期首の資産除去債務の帳簿価額に当初の負債計上時に使用した割引率を乗じて算定されます。

●法人税法上の取扱い

法人税においては、資産除去債務を計上し、減価償却費を計上する処理は認められておりません。そのため、申告調整が必要となります。

資産除去債務の会計処理

（前提条件）

20X1年４月１日に設備Aを取得，使用開始。取得原価は10,000で耐用年数５年の定額法にて減価償却する。設備Aは使用後に廃棄する法令義務があり，当該資産の将来キャッシュ・フロー（廃棄費用）の見積額は1,000である。割引率は2.0%とする。決算日は３月31日である。20X6年３月31日に予定どおり廃棄したが，廃棄費用は1,030であり，当初見積額より30増加した。

■20X1年４月１日
設備Aの取得と資産除去債務の認識

有形固定資産（設備A）	10,000	現金預金	10,000
有形固定資産（設備A）	906	資産除去債務（＊１）	906

（＊１）将来キャッシュ・フローの見積額1,000／$(1.02)^5$＝割引価値906

■20X2年３月31日
時の経過による資産除去債務の調整額の認識

利息費用	18	資産除去債務（＊２）	18

（＊２）20X1年４月１日の資産除去債務の帳簿価額906×割引率2.0%＝18

設備Aと資産計上された廃棄費用の減価償却

減価償却費	2,181	減価償却累計額（＊3）	2,181

（＊3）（10,000+906）／耐用年数５年＝2,181

■資産除去債務と減価償却累計額の各期の残高

期間	利息費用（＊4）	資産除去債務の残高	減価償却費	減価償却累計額
20X1年４月１日	－	906	－	－
20X2年３月31日	18	924	2,181	2,181
20X3年３月31日	18	942	2,181	4,362
20X4年３月31日	19	961	2,181	6,543
20X5年３月31日	19	980	2,181	8,724
20X6年３月31日	20	1,000	2,182	10,906

（＊４）期首の資産除去債務の帳簿価額×割引率2.0%

■20X6年３月31日
設備Aの廃棄および廃棄費用の支出

減価償却累計額	10,906	有形固定資産（設備A）	10,906
資産除去債務	1,000	現金預金	1,030
費用（履行差額）	30		

65 資産計上された除去費用の減価償却

費用配分による投資の回収が行われる

●費用配分

資産計上された資産除去債務に対応する除去費用は、減価償却を通じて、当該有形固定資産の残存耐用年数にわたり、各期に費用配分されます（資産除去債務に関する会計基準第7項）。

●費用配分の役割

資産除去債務に対応する除去費用を当該有形固定資産の取得原価に含める処理は、当該資産への投資について回収すべき額を引き上げることを意味します。除去費用は、有形固定資産の使用等に必要不可欠であり、減価償却を通じて、当該有形固定資産の使用に応じて各期に費用配分する必要があります。

●土地の原状回復費用

減価償却を通じて、当該有形固定資産の残存耐用年数にわたり、各期に費用配分されるとすると、土地に関連する除去費用（土地の原状回復費用等）は当該土地が処分されるまでの間、費用計上されないことになるのではないかという問題があります。

しかし、土地の原状回復等が法令または契約で要求されている場合は、一般に当該土地に建てられている建物や構築物等が取得・使用されることにより、当該土地自体の価値が減少するといった考えから、当該土地の原状回復等を求めているケースが多いと考えられます。このため、土地の原状回復費用等は、当該有形固定資産の減価償却を通じて各期に費用配分されることになります（資産除去債務に関する会計基準第45項）。

資産除去債務対象資産の減価償却

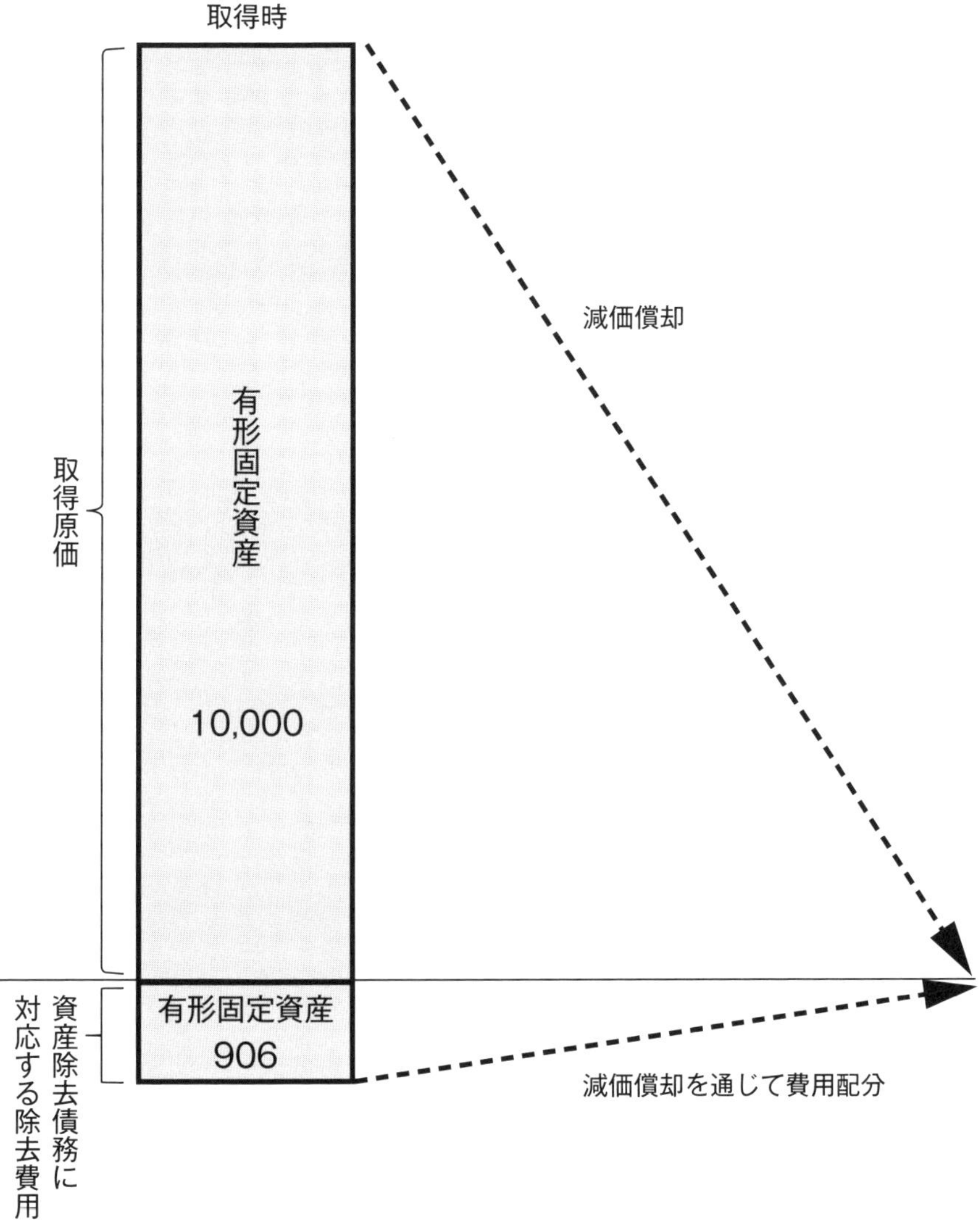

66 税効果会計の考え方

税引前当期純利益と法人税等を対応させる手続き

●税効果会計とは

税効果会計とは、法人税等の額を適切に期間配分することにより、税引前当期純利益と法人税等（法人税、住民税及び事業税）を合理的に対応させることを目的とする手続きです。

損益計算書において税引前当期純利益は企業会計上の収益および費用により算定されています。一方、法人税等は法人税法上の益金および損金により計算された課税所得の額に税率を乗じて算定されています。企業会計上の収益・費用と法人税法上の益金・損金には、共通点も多数ありますが、いくつかの差異もあります。この差異により税引前当期純利益と法人税等の間には対応関係がありません。

そこで、税引前当期純利益に対応した税金費用を計上するために、企業は法人税等の額に会計上必要な調整を行う手続きである税効果会計の手続きを実施します。

●税効果会計の対象となる差異

企業会計と法人税法の間には2種類の差異があります。

1つは認識時点の相違により生じる差異であり、一時差異といいます。一時差異は認識時点の相違により生じるため、時の経過により解消します。

もう1つは、企業会計と法人税法の間の考え方の相違による差異であり、永久差異といいます。永久差異はそもそもの考え方の相違により生じるため、永久に解消しません。税効果会計では、この2種類の差異のうちの一時差異を対象とします。

一時差異には、将来の課税所得を減額する効果のある将来減算一時差異と将来の課税所得を増額する効果のある将来加算一時差異があります。また、一時差異ではありませんが、将来の課税所得を減額する効果のある繰越欠損金も税効果会計の対象となります。

税効果会計はなぜ必要か

損益計算書の構成

売上	XXX	「収益」「費用」から計算される部分 ⇒ **企業会計の概念**
売上原価	XXX	
売上総利益	XXX	
・		
・		
・		
税引前当期純利益	XXX	
法人税，住民税及び事業税	XXX	「益金」「損金」から計算される部分 ⇒ **税務会計の概念**
当期純利益	XXX	

「税引前当期純利益」と「法人税，住民税及び事業税」
には合理的な対応関係がない

↓

会計上，必要な調整を行うことで，「税引前当期純利益」と
「法人税，住民税及び事業税」を合理的に対応させる

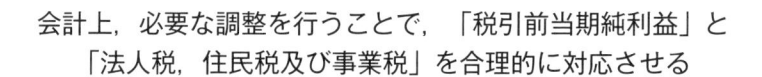

67 減価償却に係る税効果会計

減価償却に関連する一時差異には何がある?

●減価償却に関連する将来減算一時差異

減価償却に関連する将来減算一時差異の代表的なものとして、減価償却費の損金算入限度超過額と資産除去債務の2つが挙げられます。

●減価償却費の損金算入限度超過額

減価償却費の損金算入限度超過額は、以下の場合に発生します。

- ●会計上の耐用年数が税法で定められた耐用年数よりも短い場合
- ●会計上採用している減価償却方法と税法で定められた減価償却方法が異なる場合
- ●減損損失を計上した場合

減価償却費の損金算入限度超過額は、発生時に将来減算一時差異となり、回収可能性に問題がなければこの将来減算一時差異に法定実効税率を乗じて算定された繰延税金資産が計上されます。そして、時の経過に応じてこの超過額が税務上認容されると、将来減算一時差異が解消し、繰延税金資産が取り崩されます。

●資産除去債務

資産除去債務に関しては、資産除去債務の時の経過に応じて発生する利息額、資産除去債務対応資産の減価償却費ともに将来減算一時差異となります。これらの将来減算一時差異は資産除去債務が取り崩されるタイミングで解消します。

●減価償却に関連する将来加算一時差異

減価償却に関連する将来加算一時差異の代表的なものとして、積立金方式による圧縮記帳と積立金方式の特別償却が挙げられます。これらの将来加算一時差異により繰延税金負債が計上されます。そして、積立金の取崩しに応じて将来加算一時差異が解消し、繰延税金負債が取り崩されます。

減損損失を計上した場合の税効果会計

①減損損失計上時

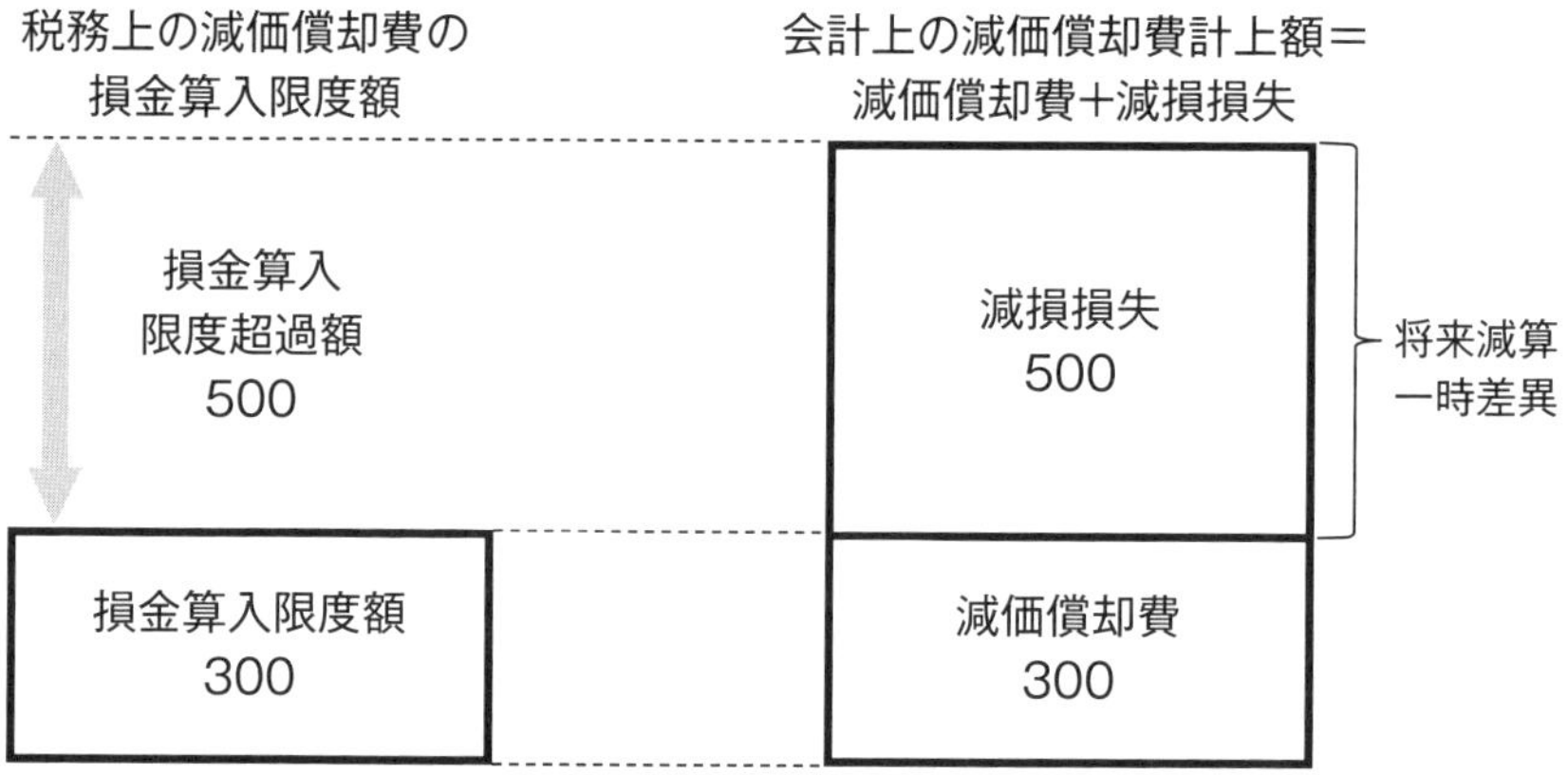

仕訳例：法定実効税率を30%と仮定

繰延税金資産	150	法人税等調整額	150

150＝500×法定実効税率30%

②減損損失計上の翌年度

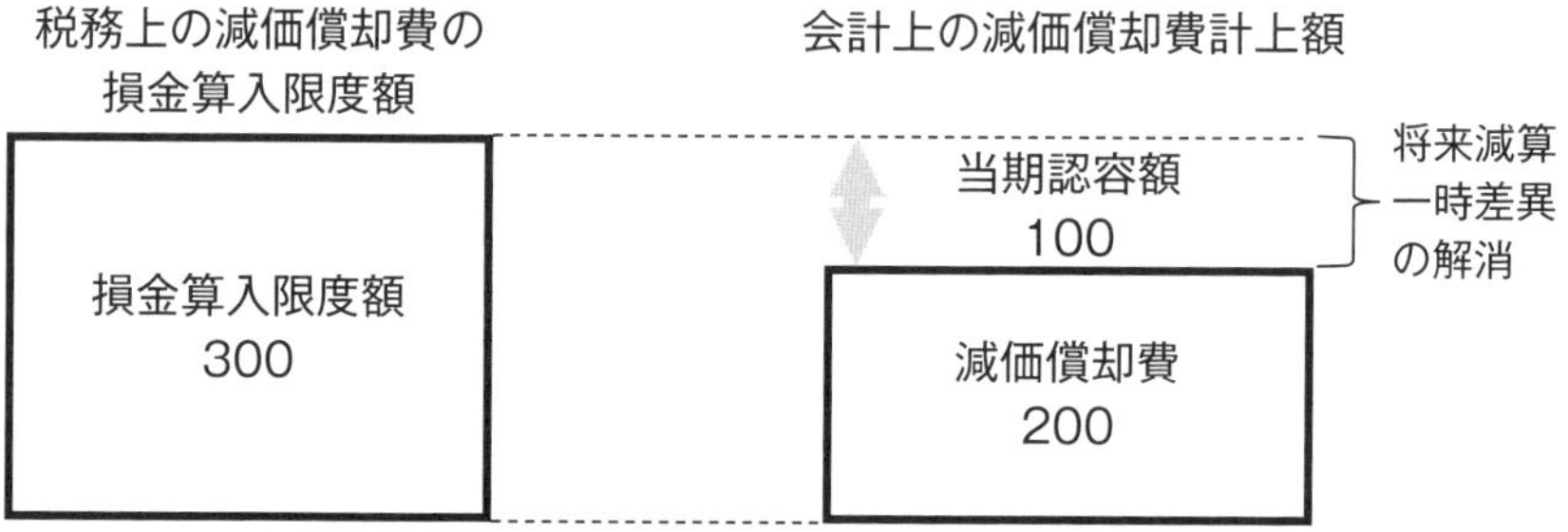

仕訳例：法定実効税率を30%と仮定

法人税等調整額	30	繰延税金資産	30

30＝100×法定実効税率30%

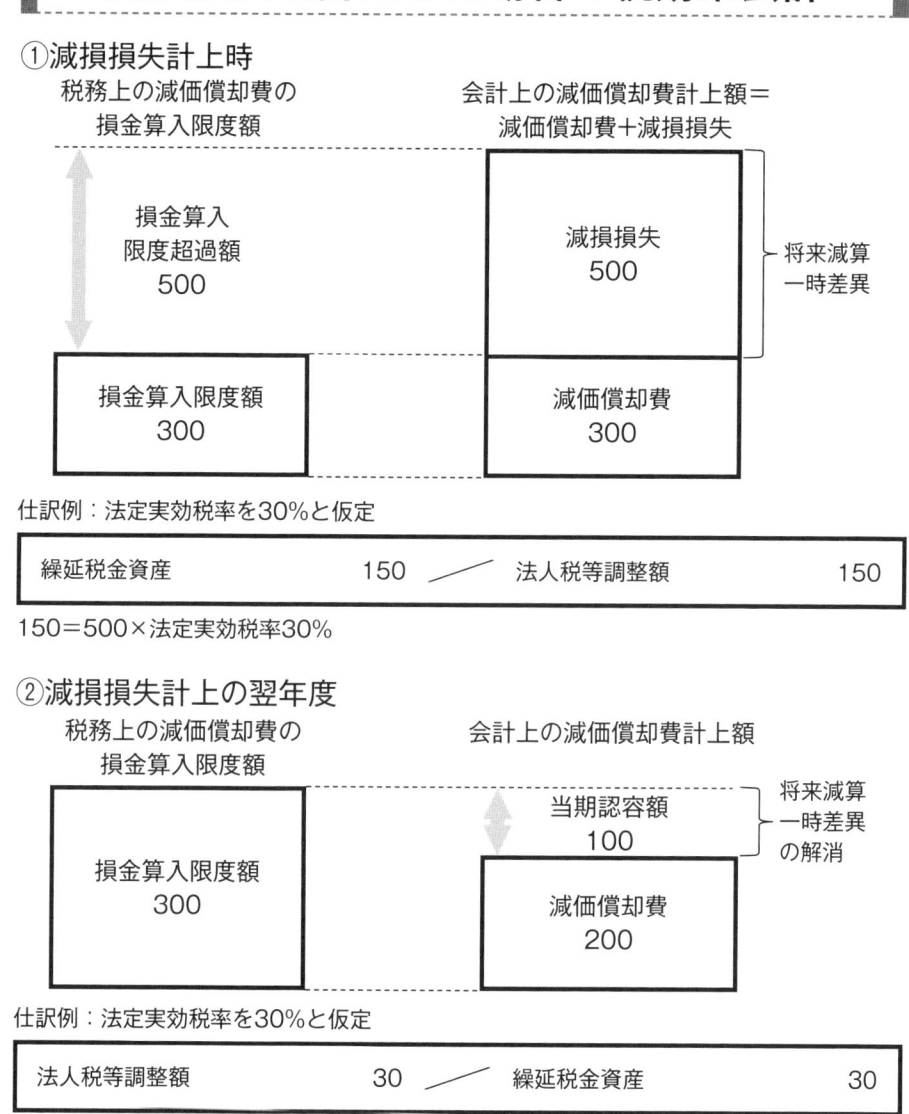

コラム

減価償却は無視される？

業績を判断する指標として営業利益や経常利益を意識している会社は多いと思います。経常利益（経理の現場では「けいつね」と呼ぶこともあります）は，以下の算式で算出される利益です。

経常利益＝売上高－売上原価－販売費及び一般管理費＋営業外収益－営業外費用

経常利益は，本業である営業利益に財務活動にかかる営業外の損益を加減算した利益です。経常利益を計算する際には，減価償却費は控除されます。つまり，減価償却後の利益であるといえます。

ただ，最近はこのような損益計算書の利益以外の数値が企業の収益性を判定する際に活用されています。

具体的には，EBITDA（読み方は「イービットディーエー」もしくは「イービットダー」です）といわれる指標が使われています。

EBITDAとは，Earnings Before Interest, Taxes, Depreciation and Amortizationの略で，簡便的に次の算式で計算がされます。

EBITDA＝税引前利益＋支払利息＋減価償却費
**　　　　＝営業利益＋減価償却費**

つまり営業利益に減価償却費を加えた数値がEBITDAとなり，別のいい方をすれば減価償却前の営業利益といえます。

一言でいえば，この指標を見ることで，キャッシュベースでの本業の利益がわかるのです。EBITDAが注目されるようになったのは，キャッシュベースの儲けが示されるので会計方針の違いがあった状態でも比較検討が可能であること，机上の利益よりもキャッシュベースでの儲けが重要視されるようになってきたことなどが要因です。

企業買収においても，EBITDAの買収価値の何倍程度なのかということが議論されるようになっており，注目度は高い指標といえます。

せっかく減価償却について学んできたのに，減価償却を無視した利益が重視されるので，勉強してきた意味がなかったなんて思わないでください。減価償却後の利益は今後も活用されますし，減価償却の仕組みがわからないとEBITDAの計算自体ができませんから！

第8章

減価償却におけるその他税務論点

68 法人税法上の償却方法の選択・変更の届出

法定償却方法以外の方法を選択する場合は届出が必要

●**法定償却方法**

法人税法上、減価償却の方法は、資産の種類ごとに規定されており、これを法定償却方法といいます。法定償却方法により税務上の減価償却費を計算する場合には、特段の手続きは不要です。

●**償却方法の選択**

一方、新規設立法人が法定償却方法以外の方法を選択しようとする場合、あるいは、設立後、すでに償却方法を選択している減価償却資産以外の新たな種類の資産を取得し、その資産について法定償却方法以外の方法を選択するときは「減価償却資産の償却方法の届出書」を所轄税務署長へ提出する必要があります。

減価償却資産の償却方法の届出書の提出期限は、新規設立法人の場合は、第1期の確定申告書の提出期限まで、新たに取得した減価償却資産の償却方法を選択する場合には、その資産を取得した日の属する事業年度の確定申告書の提出期限までとなります。

●**償却方法の変更**

すでに償却方法を選択している減価償却資産の償却方法を変更しようとするときは、新たな償却方法を採用しようとする事業年度開始の日の前日までに「減価償却資産の償却方法の変更承認申請書」を所轄税務署長に提出して承認を受けなければなりません。たとえば、3月決算法人が、それまで定率法で税務上の減価償却費を計算していた機械装置の償却方法を翌期から定額法へ変更したい場合、当期の3月31日までに減価償却資産の償却方法の変更承認申請書を所轄税務署長へ提出する必要があります。

なお、償却方法は一度採用したら継続して適用することが原則です。現行の償却方法を採用してから3年を経過していないなど一定の場合には、変更が認められないことがありますので注意が必要です。

主な減価償却資産の償却方法

資産の種類（主なもの）※	取得時期	法人税	
		法定償却方法	法定償却方法以外で届出により選択可能な償却方法
建物	平成10年３月31日以前	旧定率法	旧定額法
	平成10年４月１日から平成19年３月31日まで	旧定額法	―
	平成19年４月１日以降	定額法	―
建物附属設備・構築物	平成28年４月１日以降	定額法	―
建物附属設備・構築物（平成28年3月31日以前取得），機械装置，船舶，航空機，車両運搬具，工具器具備品	平成19年３月31日以前	旧定率法	旧定額法
	平成19年４月１日から平成24年３月31日まで	定率法（250%）	定額法
	平成24年４月１日以降	定率法（200%）	定額法
無形固定資産	平成19年３月31日まで	旧定額法	―
	平成19年４月１日以降	定額法	―

※鉱業用のもの及びリース資産を除く
出典：国税庁HP参照により筆者作成

69

適格合併と減価償却

被合併法人の帳簿価額が引き継がれる

●適格合併による減価償却資産の移転

適格合併があった場合、被合併法人の減価償却資産は、合併直前の税務上の帳簿価額により合併法人へ移転します。つまり、被合併法人が認識していた取得日や取得原価、減価償却超過額が合併法人に引き継がれることとなります。

●合併法人における償却限度額の計算

適格合併により移転した減価償却資産の償却限度額の計算の基礎となる取得原価は、①被合併法人の償却限度額の計算の基礎となった取得原価と②合併法人が事業の用に供するために直接要した費用の額の合計額とされています。

償却方法については引き継がれません。合併法人がその資産について現に採用している償却方法を適用して償却限度額を計算することになります。ただし、償却方法を選択していない新たな種類の減価償却資産を受け入れた場合や合併により新たに事業所を設置したとされるような場合には、「減価償却資産の償却方法の届出書」の提出により、異なる償却方法を選択することができます。届出書の提出期限は、合併事業年度の確定申告書の提出期限となります。

●合併法人が適用する耐用年数

合併法人が引き継いだ減価償却資産の耐用年数は、原則として、その資産の法定耐用年数となりますが、被合併法人が中古耐用年数を使用していた場合には、その中古耐用年数によることができます。また、合併法人が中古資産を取得したものとして中古耐用年数を適用することも認められています。この場合、定額法または旧定額法による償却限度額の計算の基礎となる取得原価は、被合併法人の取得原価ではなく、合併直前の税務上の帳簿価額となります。

適格合併における減価償却の取扱い

項目	合併法人の処理
取得日	被合併法人が取得した日。
取得原価	被合併法人の取得原価（適格合併の日の前日の属する事業年度における償却限度額の基礎となった取得原価）と合併法人がその資産を事業の用に供するために直接要した費用の額との合計額。
減価償却超過額	被合併法人の適格合併直前の減価償却超過額が引き継がれる。 合併法人が，税務上の帳簿価額に満たない価額を会計上の帳簿価額としたときは，その満たない額は損金経理したとして取り扱われる。
償却方法	合併法人が採用している償却方法。
耐用年数	原則として被合併法人が採用していた法定耐用年数。 ただし，被合併法人が中古耐用年数を適用していた場合には，その中古耐用年数。 合併法人が中古資産を取得したものとして中古耐用年数を適用することも可。

出典：中村慈美，内山裕編著（平成22年）『企業組織再編の法人税務』財団法人大蔵財務協会参照により筆者作成

70 適格分割と減価償却

期中損金経理額の損金算入には届出が必要

●適格分割による減価償却資産の移転

適格分割があった場合、分割法人の減価償却資産は、分割直前の税務上の帳簿価額により分割承継法人へ移転します。つまり、取得原価や減価償却超過額などが分割承継法人に引き継がれることとなります。

ただし、償却方法は引き継がれません。分割承継法人が採用している償却方法が適用されます。

●分割法人が適用する耐用年数

適格分割により移転した減価償却資産の耐用年数は、原則として、分割法人が適用していた法定耐用年数となりますが、分割法人が中古耐用年数を使用していた場合には、その中古耐用年数によることができます。また、分割承継法人が移転時点で中古資産を取得したものとして中古耐用年数を適用することも認められています。この場合、定額法または旧定額法による償却限度額の計算の基礎となる取得原価は、分割法人の取得原価ではなく、分割直前の税務上の帳簿価額となります。

●期中損金経理額の損金算入

法人税法上、減価償却費の損金算入は、事業年度末時点において保有する資産の償却費が対象とされています。分割が行われた場合、合併と違って、分割日に事業年度が区切られないため、分割法人が移転資産の償却費を損金に算入できないこととなってしまいます。そこで、特例により、適格分割により移転した減価償却資産については、分割日の前日までの償却限度額に相当する金額を、分割法人の分割事業年度の損金に算入できることとなっています。この規定は、適格分割の日以後2か月以内に損金経理額等を記載した届出書を納税地の所轄税務署長に提出した場合に限り適用できます。

適格分割における減価償却の取扱い

項目	分割承継法人の処理	
	適格分割型分割	適格分社型分割
取得日	分割法人が取得した日。	分割法人がその減価償却資産を取得した日に分割承継法人が取得したものとみなす。
取得原価	分割法人の取得原価（適格分割の日の前日の属する事業年度における償却限度額の基礎となった取得原価）と分割承継法人がその資産を事業の用に供するために直接要した費用の額との合計額。	
期中損金経理額	分割の日の前日を事業年度終了の日とした場合に計算される償却限度額相当額に達するまでの金額を損金算入。	
減価償却超過額	分割法人の適格分割直前の減価償却超過額が引き継がれる。 分割法人が，税務上の帳簿価額に満たない価額を会計上の帳簿価額としたときは，その満たない額は損金経理したとして取り扱われる。	
償却方法	分割承継法人が採用している償却方法。	分割法人がその減価償却資産を取得した日に分割承継法人が取得したものとみなして償却方法を適用。
耐用年数	原則として分割法人が採用していた法定耐用年数。 ただし，分割承継法人が中古耐用年数を適用していた場合には，その中古耐用年数。 分割承継法人が中古資産を取得したものとして中古耐用年数を適用することも可。	

出典：中村慈美、内山裕編著（平成22年）『企業組織再編の法人税務』財団法人大蔵財務協会参照により筆者作成

71 所得税法における減価償却

事業所得の金額の計算上、償却費は必要経費となる

●所得税法上の減価償却

個人事業主のその年分の不動産所得・事業所得・雑所得または山林所得の金額の計算上、償却費の額は必要経費として総収入金額から差し引くことができます。所得税における法定償却方法は、基本的には旧定額法または定額法となり、法定償却方法以外の償却方法を選択しようとするときは、所定の届出書を所轄税務署長に提出する必要があります。

法人税の取扱いと同様に、取得原価10万円以上20万円未満の資産については、一括償却資産として3年間の均等償却が認められています。また、常時使用する従業員の数が千人以下の中小企業者に該当する青色申告者が、平成18年4月1日から平成30年3月31日までの間に取得原価10万円以上30万円未満の少額減価償却資産を取得して業務の用に供した場合、合計３００万円までの金額をその年分の必要経費に算入できます。

●非業務用から業務用に転用した資産の減価償却

たとえば、自宅用の家屋を他人に貸し付けた場合など、非業務用の減価償却資産を業務用に転用した場合、まず、非業務用として使用していた期間における償却費の累積額を求めて未償却残高を算出し、その未償却残高を基礎として、転用後の償却費を計算します。非業務用資産の償却費は、その資産の耐用年数の1.5倍の年数を適用して旧定額法により計算します。業務供用後の償却費は、その資産の取得時期に応じた償却方法により計算することとなります。

●相続により取得した事業用資産の減価償却

相続により被相続人が事業の用に供していた減価償却資産を取得した場合、相続人は被相続人の取得時期、取得原価、未償却残高をそのまま引き継ぎます。ただし、償却方法は引き継ぐことができません。相続開始時を取得時期として相続人が償却方法を選定します。

非業務用資産を業務用に転用した場合の償却費の計算

【前提】
平成20年９月１日に新築した自宅（木造）を，平成29年４月１日から賃貸用に転用した場合：
・取得原価：20,000,000円
・法定耐用年数：22年（旧定額法及び定額法の償却率　0.046）

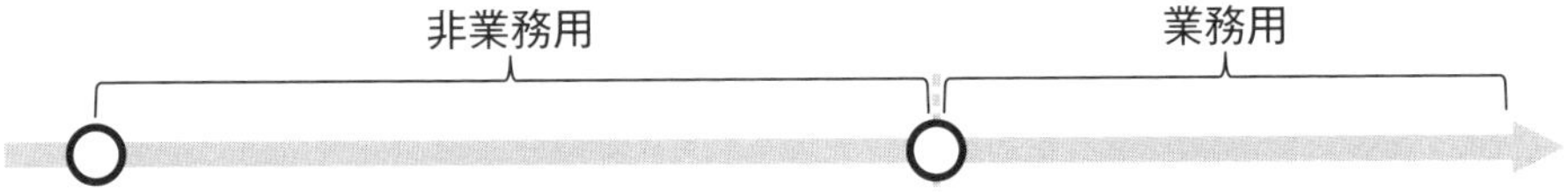

①非業務用期間の耐用年数

22年ｘ1.5＝33年（１年未満切捨て）
→旧定額法の償却率　0.031

②非業務用期間の年数

平成20年９月１日から平成29年４月１日までの期間
→８年７か月
∴９年（１年未満の端数が生じた場合、６か月以上は１年とし、６か月未満は切捨て）

③非業務用期間の償却費の累積額（旧定額法で計算）

(20,000,000円－(20,000,000×10%))×0.031ｘ９年＝5,022,000円

④業務転用時の未償却残高

20,000,000円ー③＝14,978,000円

①平成29年分の減価償却費（定額法で計算）

20,000,000円×0.046×９/12＝690,000円

②平成29年における未償却残高

14,978,000円－690,000円＝14,288,000円

出典：国税庁HP所得税質疑応答事例参照により筆者作成

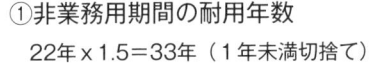

72 消費税の経理方式と減価償却

税込経理か税抜経理かによって取得原価が変わる

●消費税の経理方式

消費税の経理方式には、税込経理方式と税抜経理方式があります。どちらを採用するかは任意ですが、原則として、全ての取引について同一の経理方式を適用する必要があります。ただし、例外も認められており、たとえば、「売上などの収益取引」に税抜経理方式を適用する場合は、「固定資産の取得に係る取引」について税込経理方式を選択することができます。また、継続適用を要件として、「棚卸資産の取得に係る取引」と「固定資産の取得に係る取引」とで異なる経理方式を選択することができます。なお、税込経理方式と税抜経理方式を併用する場合でも、個々の資産ごとに異なる経理方式を適用することはできません。また、免税事業者には、税込経理方式しか認められていません。

●取得原価の算定

事業者がどの経理方式を採用しているかによって、固定資産の取得原価が異なります。消費税の経理方式が税込経理方式であれば取得原価も消費税を加えた税込金額となり、税抜経理方式であれば消費税を除いた税抜金額となります。たとえば、税込31万3，200円（消費税8％）の固定資産を購入した場合、税抜経理方式であれば取得原価は29万円となりますが、税込経理方式の場合は消費税額を加えた31万3，200円となります。少額資産や一括償却資産の判定、また、中小企業者等の少額減価償却資産の損金算入特例の判定も経理方式に応じて算定した取得原価をもとに行います。

●経理方式と減価償却費

減価償却費は、固定資産の取得原価を基礎として算出されるため、消費税の経理方式の違いにより、計算結果が異なります。

消費税の経理方式による固定資産の処理の違い

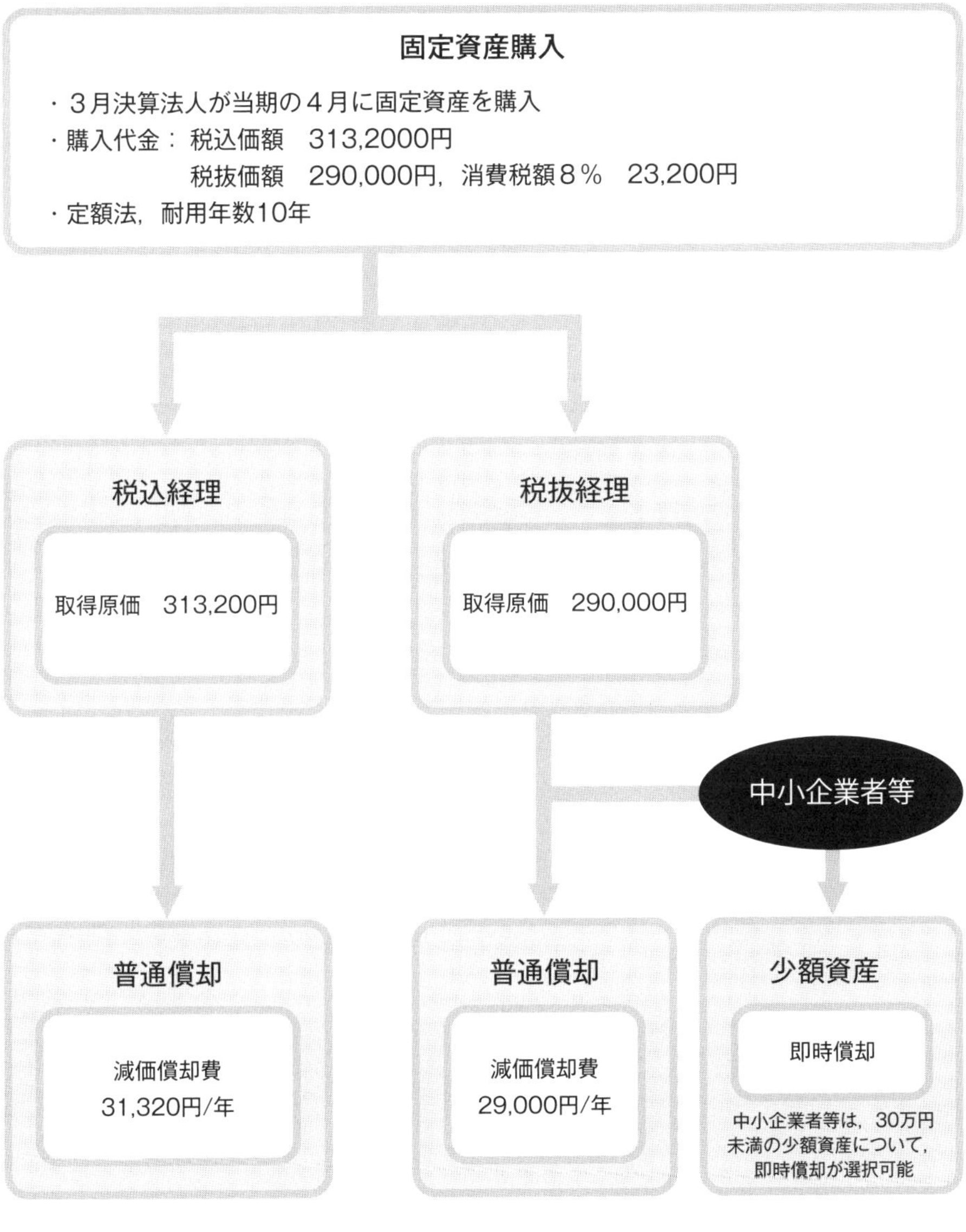

73 固定資産税

土地と家屋の課税標準は3年ごとに見直される

●概　要

固定資産税は、毎年1月1日現在の土地、家屋および償却資産の所有者に対し、その固定資産の所在地の市町村が課税する地方税です。

固定資産税の税額は、課税標準に1.4%の税率を乗じて計算されます。

●課税標準の算出

固定資産税の対象資産のうち土地および家屋の課税標準は、総務大臣が定める「固定資産評価基準」による評価額を基礎として算出されます。

家屋の評価は、再建築価額を基準とする方法が採用されており、評価する家屋と同じものを新築した場合に必要となる建築費（再建築価額）に、経過年数に応じた価値減少を考慮して価格を求め、これが課税標準となります。なお、家屋と構造上一体となっている電気設備や給水設備などは、家屋に含めて評価されます。

土地の場合は、地目別に定められた方法により評価した価格に、住宅用地特例や負担調整措置などを適用して課税標準が算出されます。

土地と家屋の課税標準は、原則として3年ごとに見直される仕組みとなっています

●売買による固定資産税精算金の取扱い

固定資産税の納税義務は、あくまでも1月1日現在の現況で判断されるため、年の途中で固定資産を売却し、所有権が移転した場合であっても、その年分の固定資産税の全額が1月1日現在の所有者に課税されます。不動産の売買契約等において、固定資産税を日割で精算する商慣習がありますが、税務上は、租税の精算ではなく、当事者間の合意による売買代金の一部として取り扱われます。

売買契約により固定資産税の精算を行う場合

（例）X年３月31日に不動産売買契約に基づき引き渡しが行われ，X年分の固定資産税1,200円のうち900円を買主が負担することとした場合

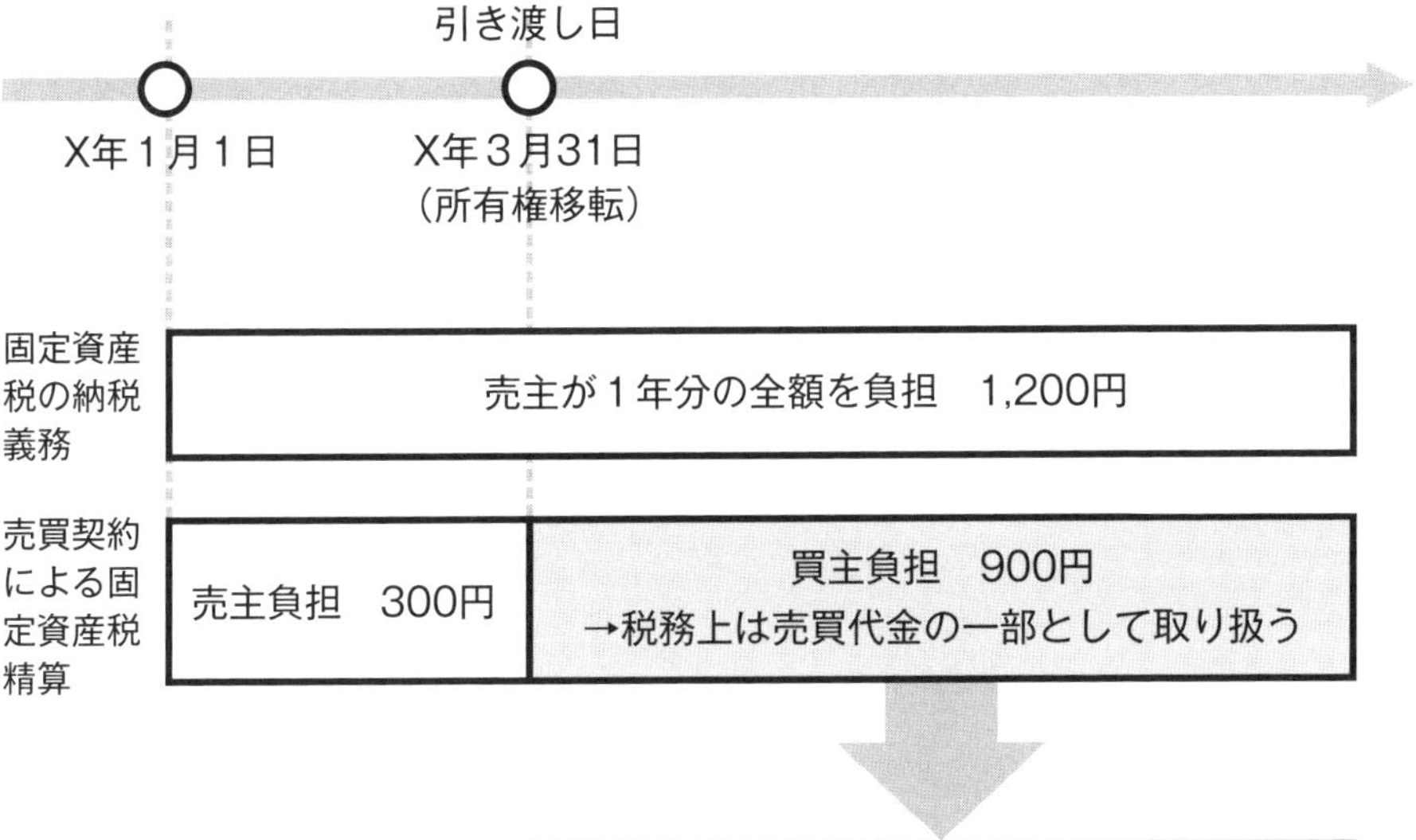

固定資産税精算金（900円）の税務上の取扱い	
売主	買主
消費税：土地　非課税売上 建物　課税売上	消費税：土地　非課税仕入 建物　課税仕入
所得税：譲渡所得の総収入金額に算入	所得税：固定資産の取得原価に加算
法人税：譲渡対価として益金算入	法人税：固定資産の取得原価に加算

74

償却資産税

所有者の申告に基づき償却資産を評価

●償却資産税の対象資産

償却資産税は、固定資産税の1つで、その年の1月1日現在の所有者に対して課税されます。

償却資産税の対象となる資産は、土地および家屋以外の事業の用に供することができる資産で、法人税法または所得税法の規定により、その減価償却費が損金または必要経費に算入されるものとされています。簿外資産や償却済資産であっても事業の用に供することができるものは対象資産に含まれます。また、中小企業者等が即時償却した取得原価30万円未満の少額減価償却資産も課税対象となります。一方、ソフトウエアなどの無形固定資産や繰延資産、一括償却資産などは課税対象から除外されます。

●償却資産の評価

償却資産の評価額は、所有者からの申告に基づき、各資産の取得年月、取得原価、耐用年数等を基礎として定率法により算定します。前年中に取得した資産は半年分を償却して評価します。法人税法または所得税法における圧縮記帳は認められておらず、特別償却、割増償却などの特例措置も講じられていません。なお、評価額の下限は、取得原価の5%と定められています。

●リース資産と償却資産税

ファイナンス・リース取引は、税務上、売買取引とされ、リース資産の減価償却費を損金または必要経費に算入するのは賃借人となります。しかし、償却資産税の納税義務者は、原則、そのリース資産の所有者である賃貸人となります。ただし、それが実質的に割賦販売であると認められるような場合等は賃借人が納税義務者となります。なお、平成20年4月1日以降に締結されたリース契約のうち、ファイナンス・リース取引とされるもので、リース資産の取得原価が20万円未満のものは、償却資産税の課税対象外となります。

償却資産の税額の計算方法

償却資産の評価	
前年中に取得した資産	前年前に取得した資産
$\text{取得原価} \times \left(1 - \dfrac{\text{耐用年数に応ずる減価率}}{2}\right)$	前年度評価額 × （1－耐用年数に応ずる減価率） （注）算出した評価額が取得原価の５％を下回る場合は，取得原価の５％の額が評価額となります。

↓

課税標準		税額
・各資産の評価額を，資産の所在する市町村ごとに合算した額（1,000円未満切捨て） ・免税点は150万円	× 1.4% ＝	・市町村は税額（100円未満切捨て）を計算して賦課決定し，納税通知書を納税者に交付して徴収

出典：東京都主税局HP参照により筆者作成

[編者紹介]

CSアカウンティング株式会社

国内最大級の会計・人事のアウトソーシング・コンサルティング会社であり，約200名の公認会計士・税理士・社会保険労務士などのプロフェッショナル・スタッフによって，上場企業や中堅企業を中心に会計・税務，人事・労務に関するアウトソーシング・コンサルティングサービスを提供している。

東京都新宿区西新宿１-25-１　新宿センタービル31階
電話番号：03-5908-3421／FAX番号：03-5339-3178
URL：http://www.cs-acctg.com/

すらすら図解
減価償却のしくみ

2018年６月１日　第１版第１刷発行
2019年３月30日　第１版第３刷発行

編　者　CSアカウンティング株式会社
発行者　山　本　継
発行所　㈱中央経済社
発売元　㈱中央経済グループパブリッシング
〒101-0051　東京都千代田区神田神保町1-31-2
電話　03（3293）3371（編集代表）
03（3293）3381（営業代表）
http://www.chuokeizai.co.jp/
印刷／三英印刷㈱
製本／㈲井上製本所

ISBN978-4-502-26851-9　C3034